Theory and Foundation of Highway Architecture

公路建筑学理论与基础

霍　明　李祝龙　著

人民交通出版社

内 容 提 要

本书内容包括公路建筑学的内涵与学科体系、公路服务功能、公路空间形式与特点、公路建筑光学与色彩、公路建筑文化和环境等理论基础。

本书可供公路、铁路、市政及其他土建工程专业从事科研、设计、施工与运营管理技术人员参考，亦适合相关专业师生学习参考。

图书在版编目(CIP)数据

公路建筑学理论与基础/霍明，李祝龙著. —北京：人民交通出版社，2012.4

ISBN 978-7-114-09709-6

Ⅰ.①公… Ⅱ.①霍… ②李… Ⅲ.①道路工程 Ⅳ.①U41

中国版本图书馆CIP数据核字(2012)第046160号

书　　名：公路建筑学理论与基础
著 作 者：霍　明　李祝龙
责任编辑：刘永超　付宇斌
出版发行：人民交通出版社
地　　址：（100011）北京市朝阳区安定门外外馆斜街3号
网　　址：http：//www.ccpress.com.cn
销售电话：（010）59757969，59757973
总 经 销：人民交通出版社发行部
经　　销：各地新华书店
印　　刷：北京交通印务实业公司
开　　本：720×960　1/16
印　　张：9.5
字　　数：160千
版　　次：2012年4月　第1版
印　　次：2012年4月　第1次印刷
书　　号：ISBN 978-7-114-09709-6
定　　价：30.00元

前　言

在我国,公路建设发展到今天已经进入一个全新的历史阶段。回顾过去,有许多成就、经验和教训,这些都可以为建设资源节约型、环境友好型公路提供支持。

这些年,关于建设资源节约型、环境友好型公路,我们提出了许多理念,但是理念的科学性、合理性需要进一步论证。相应地对于各种理念,不同层次的人员理解各异,“生态公路”、“环保路”这些理念均是科学的公路建设理论在某一方面的映射与体现。

如果理念要指导工程实践,必须上升到理论,所以我们需要推进公路建设理论与技术体系研究,努力实现从理念到理论的转变。为此,我们提出“公路建筑学”的理论并进行研究,拟采用科学的建筑学理论与方法来研究公路工程。

本书即是我们对“公路建筑学”的初步理解和得出的初步理论框架。本书侧重公路建筑学的基础知识,后续专著《公路建筑学实务》作为公路建筑学的应用与总结。

全书分 7 章。第 1 章公路建筑学概论,介绍公路建筑学产生的背景,公路建筑学的定义与内涵、公路建筑学与建筑学的关系、公路建筑学的学科体系。第 2 章多元化的公路服务功能,从不同的服务对象分析公路的服务功能。第 3 章公路建筑空间形式与特征,介绍了公路建筑限界及尺度、建筑外部空间、公路线形空间与特点、公路交叉形式。第 4 章公路建筑光学及色彩基本原理,在介绍建筑光学色彩基本原理的基础上,引入了色彩的心理特征。第 5 章公路建筑心理学及行为人心理特征,阐述了公路建筑心理学研究的内容与方法,分析了公路行为人的心理活动及驾驶人的心理生理特征。第 6 章公路建筑文化,论述了公路文化内涵以及公路文化映射示例。第 7 章公路建筑环境,论述了公路建筑与湿热环境、空气环境以及声环境、水环境、生态环境等的关系。相关工程应用与实践,读者可参考本书姊妹篇《公路建筑学实务》。

本书第 1 章～第 3 章由全国勘察设计大师、教授级高工霍明和教授级高工李祝龙撰写,第 4 章～第 7 章由李祝龙编著,全书由李祝龙统稿,霍明主审。

本书在编写过程中得到了中交第一公路勘察设计研究院有限公司的基金

资助，同时得到了赵永国等同志的帮助，以及其他同事的帮助与支持，在此，向他们表示诚挚的谢意！

由于作者水平有限，不妥之处在所难免，诚望批评与指正。

作　者

二〇一二年二月于西安

目　录

第1章　公路建筑学概论

1.1　公路及其发展历程

1.1.1　公路的定义与内涵

"公路"常与"道路"混为一谈,尤其在古代,公路一词并未出现。现代一般来说道路的含义较广,凡供车辆、行人通行之路,皆可称之为道路。《道路工程术语标准》(GBJ 124—1988)规定道路(Road)为各种车辆和行人等通行的工程设施,按其使用特点分为城市道路、公路、厂矿道路、林区道路及乡村道路等。

世界各国对公路与道路有不同的解释。美国"道路"是指大众有权通过或穿越的交通设施;"公路"则是指利用大众费用来维修的道路,包括洲际公路(Interstate Highway)、州公路(State Highway)、郡乡公路(Country Highway)等。日本只有"道路",道路分为高速自动车国道(国道高速公路)、一般国道、都府县道(省道)、市町村道(县乡道)及自动车道(汽车专用公路);农业道路、林道、港湾道路、渔港道路、矿场道路等,则相当于我国的专用公路。

在我国,"公路"是因其公共交通之路得名。根据《公路工程名词术语》(JTJ 002—87),连接城市、乡村和工矿基地之间,主要供汽车行驶并具备一定技术标准和设施的道路称为公路。

根据《中华人民共和国公路管理条例》,"'公路'是指经公路主管部门验收认定的城间、城乡间、乡间能行驶汽车的公共道路。"《现代汉语词典》中对"公路"的注释为:"市区以外的可以通行各种车辆的平坦的道路",《辞海》的注释则为:"连接各城镇、乡村和工矿基地,主要供汽车行驶的道路。"公路以汽车为主,也有相当数量的其他类型机动车辆通行,如工程作业车辆、拖拉机和收割机等农用车辆、摩托车等,还有非机动车和行人。

1.1.2　古代道路历程

道路伴随人类活动而产生,既促进了社会的进步和发展,也是历史文明和科学技术进步的标志。

远古时代大约50万年至170万年前，亚洲东部元谋人、蓝田人和北京人等为了生存和繁衍，开辟了最早的道路，是由人践踏而成。东汉训诂书《释名》解释道路为“道，蹈也，路，露也，人所践蹈而露见也”。

公元前3000年，古埃及人为修建金字塔而建的路，是世界上较早的“公路”。公元前2000年，古巴比伦人修建了街道。公元前500年左右，波斯帝国大道贯通了东西方。古罗马帝国以罗马为中心，向外呈放射形修建了29条公路。公元前2000年前，我国已有可以行驶牛、马车的道路。黄帝以“横木为轩，直木为辕”制造出车辆，之后产生了车行道。我国商朝（公元前16世纪～前11世纪）已有碎陶片和砾石铺筑的路面。周灭商后，修建了“周道”，为从都城镐京（今西安附近）至东都洛邑（今洛阳）较宽阔平坦的大道，并以洛邑为中心，向东、向北、向南、向东南又修建了等级不同的、呈辐射状的道路。城市道路分为经、纬、环、野四种。都城中有九经九纬，成棋盘形，围城为环，出城为野。经、纬宽九轨（每轨1.6m，共14.4m），环宽七轨（约11.2m），野宽五轨（约8m）。郊外道路分为路、道、涂、畛、径五个等级，“路”容乘车三轨，“道”容二轨，“涂”容一轨，“畛”走牛车，“径”为走马的田间小路。

战国时期（公元前475～前221年），车战、交往频繁，周道继续发挥作用，形成了纵横交错的陆路干线和支线。当时在山势险峻之处凿石成孔，插木为梁，上铺木板，旁置栏杆，称为栈道。秦惠王时，秦岭的筑褒斜栈道打通陕西到四川。这以后几百年间还陆续开凿了金牛道、子午道和傥骆道等栈道。楚国有从郢都通往新郑的重要通道，晋国打通了穿越太行山的东西通道，齐鲁两国建设有四通八达的黄淮交通网络，燕国开辟有直达黄河下游和通往塞外的交通线等。

秦朝（公元前221～前206年）统一后，实现了“车同轨”。全国车辆使用同一宽度的轨距（宽6秦尺，折合1.38m），修建了以首都咸阳为中心、通向全国的驰道网。驰道宽为50步，约合70m。公元前212年，秦始皇派蒙恬修筑由咸阳向北延伸的直道，全长约700km，沿途经过陕甘等省，穿过14个县，直至九原郡（今内蒙古自治区包头市），直道宽度60m左右，沿途各支线星罗棋布。除了驰道、直道以外，还在西南山区修筑了“五尺道”以及在今湖南、江西等地区修筑了所谓“新道”。这些构成了以咸阳为中心，通达全国的道路网。

汉朝（公元前206～公元220年）构成和维护了以京城为中心向四面辐射的交通网。东路干线经洛阳，至定陶，以达临淄；北路干线直达九原郡（包头市）；西北干线抵达陇西郡（今甘肃临洮）；“丝绸之路”由河西走廊，延长到西域诸国；河东干线自蒲津（今山西永济西）渡黄河，经平阳（今临汾西北）、晋阳（今太原市南)，以通平城(今大同市东)；西南干线自长安向西南经汉中，以达成都，并远至云南；南路干线经南阳，以达江陵，并继续南进。

隋朝(581～618 年)建设的御道规模较大，《资治通鉴·隋记》："长三千里，广百步"。

唐朝(618～907 年)初步形成以城市为中心的四通八达的道路网，并保持畅通无阻，紧急时驿马每昼夜可行 250km 以上。首都长安是棋盘式，把全城划分为 100 多个整齐的坊市，位于中轴线的朱雀大街宽达 147m。

宋朝、元朝、明朝(960～1644 年)道路网更趋完善，北宋的都城汴京(今开封)中心街道称作御街，宽 200 步，路两边是御廊。元、明时期建成了以北京为中心的稠密的驿路交通网，驿路干线辐射到我国的四面八方。元朝地域辽阔，自大都(今北京)通往全国有 7 条主干道，形成一个宏大的道路网，覆盖了亚洲大陆的广阔地区，包括阿拉伯半岛。

清朝(1644～1911 年)的道路网系统分为三等：一是"官马大路"，由北京向各方辐射，主要通往各省城；二是"大路"，自省城通往地方重要城市；三是"小路"，自大路或各地重要城市通往各市镇的支线。"官马大路"分成北路、东路、西路和中路四大干线，共长 2 000 余千米。此外，还有横贯东西的长江官路等。清代还利用原有驿道修建了长达约 15 万 km 的"邮差路线"。

1.1.3　现代公路

我国最初的公路，是清末状元张謇弃官从商，1905 年在家乡江苏南通修建的一条 6km 长的道路，以便于他的纺织厂的生产运输，虽然还不能称之为公路，但已具备了公路的某些内涵。清末张(家口)库(仑)路是对 1 110km 的官马大道稍事修整而成，是当时最长的可以通行汽车的公路。1908 年苏元春驻守广西南部边防时兴建了龙州到那堪公路。1913 年，湖南兴建了长约 50km 的长沙到湘潭的公路，都是沙石或泥土路。

1934 年，陈树棠先生的《道路建筑学》介绍了民国期间道路(公路)的种类，主要有：石道、炼砖道、木块道、土沥青道、碎石道、"混凝土麦坎达姆道"(Concrete Macadam Road)、复合(材料)道路。

新中国成立以来，我国公路建设事业有了很大发展，无论是公路总量，还是路网结构都发生了巨大变化。特别是"八五"、"九五"以来，公路交通事业进入持续、快速、健康发展时期。

1949 年我国公路里程仅为 8.08 万 km，路网密度为 0.8km/100km^2。截至 2009 年 12 月 31 日，全国公路总里程为 386.08 万 km，其中高速公路

6.505 5万 km,路网密度为 40.21km/100km^2(表 1-1)。

各时期我国公路里程和高速公路里程年平均增长率(1949～2009) 表 1-1

时间(年)	1949～1959	1960～1977	1978～1989	1990～1999	2000～2009
公路里程年平均增长率	21%	3.0%	1.4%	2.9%	12.86%
高速公路年平均增长率	—	—	—	60%	19.15%

注:①表中数据根据《中国统计年鉴》及《全国交通统计资料汇编》和交通运输部网站数据计算。
②1999 年资料摘自《中国交通革命跨越式发展之路》。

1.1.4 高速公路

世界各国的高速公路没有统一的标准,命名也不尽相同。美国、加拿大、澳大利亚把高速公路命名为 freeway,德国命名为 autobahn,法国命名为 autoroute,英国命名为 motorway。但都是专指有 4 车道以上、双向分隔行驶、完全控制出入口、全部采用立体交叉的公路。此外,有不少国家对部分控制出入口、非全部采用立体交叉的直达干线也称为高速公路。

现行《公路工程技术标准》(JTG B01—2003)规定,高速公路是指“能适应年平均昼夜小客车交通量为 25 000 辆以上,专供汽车分道高速行驶并全部控制出入的公路”。

建于 1931～1942 年的波恩至科隆高速公路是世界上第一条高速公路。目前,全世界已有 80 多个国家和地区拥有高速公路,通车总里程超过了 23 万 km。美国拥有约 10 万 km 高速公路,居世界第一。德国高速公路总里程达 1.1 万多千米,法国为 1 万 km。

1978 年,中国台湾建成基隆至高雄的中山高速公路长 373km。1988 年 10 月 31 日,上海至嘉定长 18.5km 的高速公路建成通车。1990 年 8 月,全长 348km4 车道、全立交、全互通的沈大高速公路全线建成并通车,是当时我国大陆最长的高速公路,该公路 2004 年扩宽改造为 8 车道。京津塘高速公路 1993 年 9 月通车,是我国第一条用世界银行贷款,按“菲迪克条款”兴建的高速公路。此后,我国高速公路建设突飞猛进,“十五”期间我国共建成高速公路 2.47 万 km,是“八五”和“九五”建成高速公路总和的 1.5 倍。到 2010 年底,我国高速公路总里程达到 7.41 万 km,稳居世界第二,仅次于美国,创造了世界高速公路发展的奇迹。

根据交通运输部公布的《国家高速公路网规划》,未来高速公路依然存在很大的需求。

1.2　公路建筑学提出的背景

1.2.1　理念不足以指导建设

公路建设是人类发展与社会进步的内在要求，随着人类社会的进步，人们对公路服务质量的要求越来越高。然而传统的公路发展只注重公路的技术指标，强调公路运输的服务能力及服务质量和对国民经济产生的效益。公路规划、设计人员主要以满足交通功能要求，降低建设造价和维护费用，节省交通时间和运行费用，减少交通事故损失等为目标，进行路线方案论证及勘测设计。公路建设的指导思想与国民经济发展水平相关，并随着国民经济的发展而不断演变。

回顾新中国成立以来的公路建设历史，其指导思想大致分为三个阶段。

第一阶段，20 世纪 50 年代～70 年代末，主要以通为主。设计的指导原则是安全、经济，对其他方面考虑较少，具体表现为建筑物少、土方较多、造价低。

第二阶段，20 世纪 70 年代末～90 年代，为满足经济发展，开始高速公路的建设。设计的指导原则是安全、快速、舒适、经济，对用路者的利益考虑多，而对环境的因素考虑较少。具体表现为讲究标准高、指标高，平纵组合讲究线形。

第三阶段，20 世纪 90 年代末至今，从公路建设可持续发展的思路出发，提出建设生态路、环保路、旅游路的概念，强调安全、功能、环保、经济，除了考虑用路者的利益外，更加注重对环境的影响，讲究公路与自然环境的协调与融合。具体表现为重视环保，强调降低边坡高度，多修构造物，少填少挖，减少对自然环境的破坏及对生态系统的干扰，在设计理念上有较大的创新。

目前，我国高速公路的建设呈现出高速发展的态势，建设力度不断增大。但早期高速公路的建设往往强调高速公路的“高速”而忽略了人们对高速公路建设环保性、文化性、地域性、艺术性等综合因素的相关要求，设计方案缺少评价体系和评价标准的检验，设计理论与设计评价标准的研究严重滞后于设计实践。基于这些，近些年我国各省分别提出建设“景观路、生态路、环保路、旅游路”等建设理念。交通运输部也提出并贯彻相应的公路建设新理念。

未来高速公路将对公路科技人员提出更高要求，未来公路建设更加追求公路本身建筑群的协同（包括桥梁建筑美和房屋建筑美等），追求公路设计指标的灵活掌握、以人为本的服务理念以及造价的合理适当，追求与环境的协调。除“景观路、生态路、环保路、旅游路”等建设理念外，各种各样反映公路与环境协调、和谐的公路设计新理念还将陆续出现。

然而，建设理念往往因人而异，不同的人对建设理念的理解和认识以及实践方法均不同。一种新的建设理念要得到推广应用，必须上升到理论；对于理念的理解、实践应该在科学的方法论指导下施行，否则容易出现许多误解和偏差；同时相应的设计、施工和运营阶段，关于理念的推行应建立完整的与其对应的指标体系，以便实施、评价和验收。

这样，必然面临一个全新的问题：我们提出的这一系列理念如何上升为理论？

1.2.2　公路建筑学体系的提出

回顾建筑史，建筑物最初为茅草棚，后来发展到砖石房屋。中国古代把建造房屋以及从事其他土木工程活动统称为“营建”、“营造”。随着经济的发展和技术的不断创新，现在的建筑已经发展到采用钢筋混凝土、薄壳钢结构以及复合材料等建造，艺术建筑也比比皆是，建筑已经发展到有科学的建筑学指导设计的集基本功能、环境、艺术于一体的阶段。建筑学，从广义上来说，是研究建筑及其环境的学科，在通常情况下更多的是指与建筑设计和建造相关的艺术与技术的综合。

同样，回顾公路建设史，公路由最初的简易马路发展到等级公路和高速公路。公路建筑材料从最早的普通土、砂砾发展到石灰土、水泥材料以及沥青混凝土等，发生了巨大变化，公路工程建设也从早期的人工操作为主发展到机械化为主，公路的服务也从原先仅仅提供基本交通服务发展到现今的多元化服务，崇尚艺术和精品工程、示范工程越来越成为公路建设者追求的目标。尤其是公路发展到高速公路，不仅为车辆交通出行而建，“以人为本”的理念崇尚人的安全、舒适性，观景台、停车带、服务区等的建设共同构建了多元化的服务功能，相应地，随着桥梁技术、隧道技术以及服务区房屋综合技术的发展，公路已经发展成为一个包括路堤路堑、桥梁、隧道、房屋等在内的带状建筑群体（其中桥梁建筑、隧道洞门建筑、公路房屋建筑等已经被公认为公共建筑的一部分），艺术品和具有艺术的建筑外形在公路建筑群体中不断涌现。相应地，公路建筑群在基本满足交通出行需求的基础上，已经并将继续像房屋建筑那样，发展到有科学建筑学指导设计的集基本功能、环境、艺术于一体的阶段。

对此，本书拟构建“公路建筑学”初步理论框架来系统研究公路。提出公路建筑学的目的是基于将公路工程各结构物或构造物作为一个带状的建筑群来统一规划设计，采用科学的建筑学研究方法并融入到公路工程建设之中，以避免在公路工程建设中单一强调公路的某些技术指标，而忽视公路作为基本的公共建筑所应该予以考虑的其他指标,如安全性能、环境协调、美学、艺术、光线、色彩、景观等要素,从而实现公路工程科学建设及和谐设计。

1.2.3　国内外关于道路建筑学的认识

交通建筑大多被认为是交通场站的单体建筑,其实随着交通运输以及综合交通运输体系的发展,交通场站的单体建筑功能日趋多元化,其建筑也越来越注重技术与艺术等的协调统一。美国学者 kenneth griffin 所著的《交通建筑》中系统介绍了轨道交通建筑,包括前期设计、城市规划与车站地区发展、车站类型与布局、设计要点与程序、生命安全与相关法规、工程设计、特殊设备、材料与装饰、声学与振动、照明、指路、安全与保安、机场的轨道交通车站、航行中转站、现代化与改造、车站运营与维护 16 章内容。国内外关于道路建筑学方面的研究较少见报道。

1934 年,陈树棠先生著作《道路建筑学》,主要阐述道路建筑的方法,内容分为三部分,上编为"道路之进行",包括第一章绪言,第二章铺道,第三章道路设置,第四章街路计划,第五章材料,第六章车轮推輓(推力);中编为"铺道之类别",包括第七章石道,第八章炼砖道,第九章木块道,第十章土沥青道,第十一章碎石道,第十二章杂种道路(复合);下编为"建筑之准备",包括第十三章基础,第十四章土工,第十五章排水渠及护岸,第十六章人道及边石,第十七章改修及维持。该书在绪言中简述了道路与文化、经济、工商业的关系,也论述了道路的历史。书中提到"道路之历史"时这样阐述:"公元二千年前希腊人克鲁宾敷设首条道路于巴比伦市,后罗马人继起,逐渐改良。时至晚近,文化与交通之发达,而道路之进步亦愈速,始则石道(Stone road)、丸石道(Cabble stone road),继则炼砖道(Brick road)、碎石道(Broken stone road),今则木道(Wooden road)、土沥青道(Asphalt road)以及混凝土麦坎达姆道(Concrete macadam road)"。该书虽然命名为"道路建筑学",但多研究公路结构组成和筑路材料及施工方法,按当代对道路建筑学的理解实际上该书命名为"道路工程学"更为妥当。

2002 年丹麦公路局出版道路建筑学手册(Beautiful Roads——A Hand-Book of Road Architecture),该手册提到"建筑常常被描述为艺术、功能、技术的协调统一","道路建筑更加强调现场和具体情况,包括技术设计、安全性、能见度、照明、艺术"。该手册所述的道路包括公路和城市道路,手册内容包括:道路建筑学及相关学科、基本概念,不同道路类型(乡村区域的道路、城市间道路、城市道路)的特点,局部与整体的设计、养护管理和检测体系。

关于道路的美学追求与要求，我国在20世纪80年代以来就着力开展实施GBM工程。GBM工程是中国公路养护工作在新时期的新发展，是交通运输部为改善和提高现有公路技术状况，提高公路通过能力和科学管理水平，推进公路(G)标准化(B)、美化(M)建设进程的一项综合性的重大举措。GBM工程集公路工程学、交通工程学、建筑艺术学、公路美学、园林学、管理学和交通心理学于一体；在工程方面，推行精心设计、施工、养护与规范化管理，突出公路自身的线形美、造型美、路面清洁、交通顺畅等特点。在沿线设施方面，强调标志、标线、防护等设施的安全。在公路绿化方面，突出地方特点，因地制宜、因路制宜地采用多种绿化方式，使人工造景和自然景观浑然结合，给人以美和舒畅感，最大可能地将人、车、路三者与大自然紧密结合，使公路运输的使用功能和景观环境符合标准化和美化的要求。但GBM工程主要针对公路养护工作进行的，且其目的在标准化(B)、美化(M)建设，并未上升到科学的系统的建筑科学指导的理论高度。

2007年交通运输部颁布施行新的《公路工程基本建设项目设计文件编制办法》，其中将原先公路设计的"绿化美化"等要求提升到要求编制"景观"设计文件的高度。

根据上述观点，提出并实施"公路建筑学"势在必行，且其内涵应该是研究道路建造与环境协调的综合，是技术与艺术的统一。

1.3 公路建筑学的定义与内涵

1.3.1 建筑学的定义

建筑学作为一门内容广泛的综合性学科，它涉及建筑功能、工程技术、建筑经济、建筑艺术以及环境规划等许多方面的问题。一般来说，建筑既是物质产品，又具有一定的艺术形象，它必然随着社会生产方式的发展变化而发展变化，并且总是受政治、经济、文化和科学的深刻影响[8]。建筑物按照它们的使用性质，通常分为生产性建筑(即工业建筑、农业建筑)和非生产性建筑(即民用建筑)，民用建筑根据建筑物的使用功能又可以分为居住建筑和公共建筑两大类。

公共建筑作为建筑的一种类型，是人们进行社会活动不可缺少的环境和场所，因此，公共建筑具有较为重要的地位和作用，具有明显的社会性、艺术性、技术性。公共建筑创作涉及适用、经济及美观之间的关系问题。公共建筑包括的类型也较多，常见的有：医疗建筑、文教建筑、办公建筑、商业建筑、体育建筑、交通建筑、邮电建筑、展览建筑、演出建筑、纪念建筑以及景观建筑等[9]。公路建筑群即是交通建筑的一个主要分支，其中也包括公路房屋建筑。

1.3.2　公路建筑学的定义与内涵

公路既是供汽车等交通工具行驶的场所，同时也是供相关人员工作和休息的场所，也是公共建筑设施，同时应满足工程技术和美学等其他公共建筑共同具有的基本要求。公路的外在形式是公路的结构、线形及房屋桥隧外形等，而其内涵是公路环境与功能在总体上与人类活动和周围环境的协调。

所以我们定义：**公路建筑学是研究公路建筑群的综合性学科，它涉及公路带状建筑群功能、公路建筑心理、工程技术、建筑经济、建筑艺术以及环境、景观等内容**。公路建筑学不等于公路的建筑学，也不是简单地应用建筑学方法研究公路，而是心理学、艺术、环境等科学与公路工程科学技术的交叉学科，追求同时运用这些学科的方法和公路工程科学技术方法研究公路。

基于这样的定义，不难看出生态路、绿色路、文化路、环保路等实际上是当代建筑领域所提出的生态建筑、绿色建筑、文化建筑、可持续建筑等建筑多元化理论在公路界的映射。

1.3.3　公路建筑的分类

根据上述定义，可以将公路建筑群分为以下类型：

(1)公路一般路基带状建筑(包括路堤、路堑、半填半挖路基、拼宽路基、半路半桥等)。

(2)公路桥梁建筑(包括跨线桥、主线桥)。

(3)公路隧道建筑(群)。

(4)公路交叉(包括平面交叉、互通立体交叉)。

(5)公路房屋建筑群(包括服务区、收费站、停车区、管理中心、超限检测站等)。

(6)公路文化建筑(如特殊桥梁旁的公路桥梁博物馆等)。

(7)公路其他建筑(如旅游公路设置的厕所、临时建筑等)。

1.4　公路建筑学与建筑学的关系

建筑学研究建筑工程与艺术的协调，公路建筑学研究公路建筑群的工程与环境、艺术、心理等的协调，区别于建筑学是公路建筑群的基本特点。

公路建筑的设计，一般涉及体规划布局、环境背景特点、功能关系分析、线形空间组合、结构形式选择、造型艺术创作等问题，其中正确的创作思想和方法，恰当地处理好环境、功能、技术和艺术、经济等方面的关系，是公路建筑设计的关键。

公路是一个带状的公共建筑，与其他公共建筑相比较，公路建筑具有以下明显的特征：

(1)空间跨度大，环境背景复杂

公路是连接城市与城市之间，城市与农村之间的带状建筑，一般公路里程较长，空间跨度大，有的干线公路跨越了几个或十几个省(市、区)，有的连接几个大型、重点城市，有的连接城市与风景名胜或古迹，这样公路与背景环境的关系往往较为复杂。与城市公共建筑相比，公路与环境的协同性已经成为公路建筑设计的核心问题。

基于此，一般可以将公路带状建筑群划分为若干建筑小区或区段进行分别研究、设计，不同建筑小区或区段各自环境不同，其内外部关系也有较大差异；相应地，由此体现的公路设计原则、方法与其他建筑明显不同。单体房屋或小区、厂矿建筑一般相对集中，环境背景相对简单些。

(2)功能多样化，需求复杂多变

公路建筑物按行驶功能需求，首先要满足汽车、拖挂车、人力车、畜力车、行人、自行车及特种车辆行驶的需求，其次一些公路还兼顾其他功能。如林区公路，不仅仅提供林区运输功能，而且具有林区防火等功能；旅游公路不仅具有输送游客、物资的基本功能，而且还提供旅游引导等功能，公路经过城镇时还兼顾城市复杂多变的交通组织和其他功能(如兼顾城市各种管网的布设)。

高等级公路除提供车辆行驶所需的技术要求，往往还提供驾驶人和乘客休息、休闲、餐饮、如厕、购物、交通和旅游引导的便利，提供汽车加油、加水、维修、救急服务，个别公路还提供住宿等服务。

所以公路需与区域交通、地方规划、历史人文、自然景观、社会环境、服务对象的心理等相协调。

(3)安全特征更突出

公路建筑作为主要为汽车提供交通服务的建筑，必须首先满足汽车的行驶和安全特征。区别于其他类型建筑，公路交通安全问题更为突出。一方面，公路建筑主体的线形指标和公路建筑群的相关组成部分(如公路路肩、中央分隔带)，均必须具有安全可靠性；另一方面公路设施如公路标线、标志和护栏等能提供一定的安全导向服务或安全防护功能。

(4)公路具有动态的景观

汽车行驶时,驾驶人同车体一起按一定的速度前进,也就是说驾驶人与道路环境中物体是相对运动的。驾驶人的视力、注视点、视野与汽车的行驶速度有关。车速越快,驾驶人的视力就明显下降,视野越窄,驾驶人的注视点前移。相应地越注视远方,靠近路边近处的景物,就会感到模糊不清。

对汽车及其驾驶人、乘客来讲,静态的公路提供的服务是一种动态的服务,相应地,公路两侧提供给驾驶人和乘客的也是一个动态的景观,而且不同区域各自特点明显。公路经过城镇时,其城市建筑风格和艺术成为公路的景观亮点;公路经过农村时,农村民居风格和田间农作物又成为一道道风景线;公路经过工业区时,相应工业建筑布局和工业结构设施也将成为公路新的景观;公路经过林区时,不同植物的形态和色彩花果等均构成鲜明的公路景观。

动态的公路景观还体现在驾驶人、行人和乘客对公路两侧人工和自然景观动态的视觉需求,这些和静态的需求截然不同。

由于人们对公路的景观是一个长距离的动态需求,那么对沿线环境要素的处理与协调则成为公路建筑设计的首选要素,公路建筑群必须与周围自然环境和社会环境相协调,以建设生态和谐、社会和谐的公路建筑群。相应地,动态的环境需求必须考虑动态的驾驶行为与环境的关系,以确保建筑群达到安全优先的基本功能。

(5)公路建筑群需要考虑行为人的心理

一般房屋建筑,尤其是工业建筑,很少刻意考虑心理学的要素,然而公路则不然。公路不仅作为一个建筑群供行为人使用,更重要的是其多元化的功能需要适应不同行为人(驾驶人和乘客)的心理特征,尤其是公路必须考虑与安全密切相关的驾驶人的心理需求和视觉特征。

1.5　公路建筑学的学科体系

1.5.1　公路建筑学研究的主要内容

根据前文定义,将公路这一个线性建筑群体作为研究对象,研究公路建筑群的功能与周围环境以及公路本身各要素之间的协调与艺术特征,从而形成空间公路建筑群。这样,公路建筑学研究的内容应该包括以下几个方面。

(1)公路基本功能需求。不仅仅包括公路工程学科中所涉及的安全、舒适、通畅等基本功能,还应包括其作为公共建筑的美学、环保等需求。

(2)公路建筑史、公路文化。研究不同历史时期公路建设与运营的理念、方法和经验教训,以及公路文化内涵及以公路为载体的建筑文化的构建。

(3)公路建筑心理。研究公路建筑群的心理需求,与公路相关的行为人的心理活动和心理特征的一般规律,公路驾驶人的心理安全及与其适应的公路设施,游客的心理舒适性等。

(4)公路结构及其技术指标的协调性,这里主要包括公路(含桥梁和其他构造物)内部结构之间的相互协调和局部与整体的协调,而具体的技术参数是公路工程研究的重点,并非公路建筑学研究的重点,但在公路建筑学中应充分考虑技术指标及相互的协调性。该项内容目前一般属于"公路总体设计"研究的内容。

(5)公路建筑群与环境的协调性,以及建筑群构造与外形。包括公路建筑群的空间、色彩、外部环境以及景观和艺术等的协调。

公路建筑学研究的重点是公路的"形、势、境、细"。这里,"形"主要指公路的外形,其内涵在于公路线形指标的协调性、均衡性,以及公路建筑物的外形美和光线、色彩调和;"势"主要指公路的空间特征,其内涵在于公路空间几何的尺度效应、开放闭合效应、结构排列及组合等与外部空间的协同性;"境"主要指公路的环境特征和心理适应性,其内涵一方面表现在公路的生态效应和大气、水土保持等自然环境保护,另一方面表现在公路的形与势等组合与外部自然和社会环境及心理的协调性,包括社会历史文化等特征的协调性;"细"主要指公路的服务功能应体现在细微的结构或部件之中,其内涵在于公路的服务性,不仅为人类活动提供服务,而且应考虑服务的层次和精细以及可持续的审美观和消费水平等。所以公路建筑学还需要研究与人相关的艺术、生理、心理以及行为与建筑环境的关系。

1.5.2 公路建筑学的学科体系特点与人才培养

前面提到,公路建筑学不等于公路的建筑学,而是心理学、建筑学等与公路工程科学技术的交叉学科,同时运用心理学、建筑学等方法和公路工程科学技术方法研究公路。根据前文对公路建筑学与建筑学的关系分析,公路建筑学的学科体系特点如下。

(1)公路建筑学是一门综合性交叉学科,融合了建筑学与公路工程科学技术的全部内容和方法。

(2)公路建筑学将心理学置于重要位置,将公路服务和使用对象的心理活动和需求作为设计目的,致力于满足各种服务对象的需求设计,将动态的视觉理论纳入并应用于公路线形和安全设计。

(3)公路建筑学在空间设计方面不仅致力于公路线形空间的优化与综合设计,更加注重公路建筑群的空间配置、外部空间设计与内部空间组合等。

(4)公路建筑学倡导公路文化的构建,包括公路建筑群的建筑风格、公路文化和艺术产物等,构建满足动态审美的公路景观。

(5)公路建筑学倡导合理进行光学设计和配色设计,节约能源,确保安全。

(6)公路建筑学倡导低碳排放的公路建筑设计细节,更加注重公路建筑群与环境的协调,提倡公路与大气环境、水环境、声环境、水土保持和湿热气候环境的保护与综合利用。

(7)公路建筑学倡导公路服务建筑,服从公路建筑群的总体布局和总体设计。

根据公路建筑学研究的内容和学科体系特点不难看出,公路建筑学人才培养除应实施目前现有公路工程学科教学与培育计划外,也应更注重加强心理学、建筑学、环境艺术、景观设计、园林工程等学科知识的培养。公路建筑师除需要学习政治、数学、外语、体育等基本科目外,还大致包括以下主要方面的必修内容。

(1)基础理论方面:包括心理学,交通伦理学,建筑力学(理论力学、材料力学、结构力学、土力学、水力学或流体力学),水文学,结构设计原理,道路建筑史及道路美学,美术或艺术欣赏等。

(2)工程技术方面:道路勘测学,道路工程地质,道路建筑学,道路工程学(路基工程、路面工程、桥梁工程、隧道工程、通风、照明、环境工程),园林工程等。

(3)设计技术方面:道路制图,CAD 辅助设计,建筑设计方法与软件等。

(4)基本素质方面:法律、法规,安全、技术经济和施工组织管理等。

第 2 章　多元化的公路服务功能

传统的公路工程设计一般较多地考虑公路服务于汽车行驶的功能需求，随着人民生活水平的提高、经济的发展以及社会价值观的转变，公路的服务功能已经发生了较大变化，现代公路根据等级和服务水平的不同提供了车和人不同程度的多元化服务。本章讨论公路的多元化服务功能，以倡导公路设计时考虑多元化服务的需求。

2.1　公路服务于汽车和路网的功能及分类

公路按照其行政管理的层次可划分为国道、省道、县乡道三个行政等级。公路的基本功能是在安全的前提下满足汽车等交通工具的交通运输需求。

一般地，公路功能是指公路在公路网中的地位和作用。根据在公路网中的不同地位与作用，结合人们出行特点和需求特征，公路可分为干线公路、集散公路和农村公路三种功能。其中干线公路又可分为主干线公路和次干线公路。主干线公路为用路者提供高效的机动性，尽量减少出入口、支路汇入和平面交叉的数量，实行与其功能相匹配的“接入控制”。主干线公路包括国家高速公路网，次干线公路可分为省际公路和省内干线公路。集散公路以汇集地方交通，疏散主干交通为主，承担衔接与过渡性道路的作用，在机动性与通达性之间寻求平衡，既要构建一定的出入口、支路汇入和平面交叉口，又要对出入口、支路汇入和平面交叉口的数量进行一定的限制，可分为主集散公路和次集散公路。农村公路直接与用路者的出行源点相衔接，以提供通达性为主，开放出入口、支路汇入和平面交叉。农村公路包括县道、乡道和村道。

根据《公路工程技术标准》(JTG B01—2003)，公路根据功能和相应的交通量可分为五个(技术)等级，分级隐含着公路的功能，见表 2-1。

公 路 分 级　　表 2-1

等　级	功　能	服务能力（各种汽车折合成小客车的年平均日交通量）	备　注
高速公路	专供汽车分向、分车道行驶并应全部控制出入的多车道公路	25 000～55 000 辆，对应四车道 45 000～80 000 辆，对应六车道 60 000～100 000 辆，对应八车道	—
一级公路	供汽车分向、分车道行驶并可根据需要控制出入的多车道公路	15 000～30 000 辆，对应四车道 25 000～55 000 辆，对应六车道	当作为集散公路时，纵、横向干扰较大，为保证供汽车分道分向行驶，可设慢车道供非汽车交通行驶；作为干线公路时，为保证运行速度、交通安全和服务水平，应根据需要采取控制出入措施
二级公路	供汽车行驶的双车道公路	5 000～15 000 辆，对应双车道	为保证汽车的行驶速度和交通安全，在混合交通量大的路段可设置慢车道供非汽车交通行驶
三级公路	主要供汽车行驶的双车道公路	2 000～6 000 辆	三、四级公路主要技术指标按供汽车行驶的要求设计，但同时也允许拖拉机、畜力车、人力车等非汽车交通使用车道，其混合交通特征明显，设计速度应在 40km/h 以下
四级公路	主要供汽车行驶的双车道或单车道公路	双车道适应 2000 辆以下，单车道适应 400 辆以下	

公路等级的选用应根据公路功能、路网规划、交通量，并充分考虑项目所在地区的综合运输体系、远期发展等经论证后确定；一条公路可分段选用不同的公路等级，或同一公路等级不同的设计速度、路基宽度。

确定一条公路的等级应首先确定该公路的功能是干线公路还是集散公路，即属于直达还是连接以及是否需要控制出入等，然后根据预测交通量初拟公路等级，再结合地形、交通组成等确定设计速度、路基宽度。一级公路具备两种功能，作为干线公路时，应以保证较高的运行速度和安全为目标，为此需采取措施以减少纵、横向干扰；作为集散公路时，为发挥汇流车辆和疏散车辆的功能，可适当降低服务水平，采用相对较低的设计速度，允许一定的干扰。当一级公路的非汽车交通量大时，应在纵向予以分隔。二级公路也有两种功能，即作为干线公路或集散公路，根据其不同的功能和交通组成等可决定是否设置慢车道以及其他设施。三、四级公路是为满足通达要求和接入服务的支线公路，允许混合交通，可采用较低的设计速度和服务水平。

2.2 公路服务于汽车行驶的服务水平

公路服务于汽车时，其反映通行能力的服务水平可根据交通流状况分为四级。车速、交通流与交通量的关系见图 2-1。

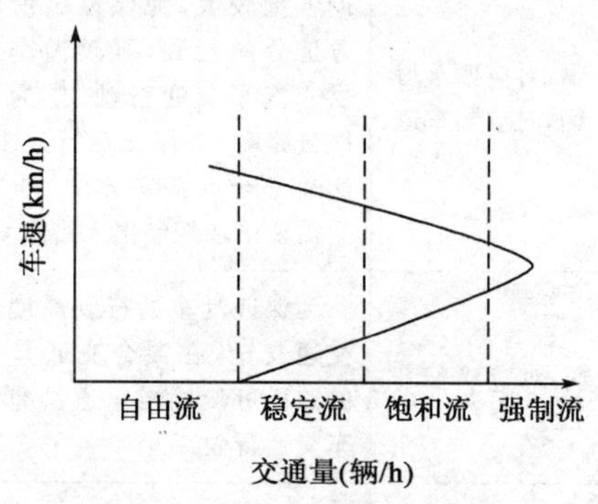

图 2-1　车速、交通流与交通量的关系

一级服务水平是指：交通量小、驾驶人能自由或较自由地选择行车速度并以设计速度行驶，行驶车辆不受或基本不受交通流中其他车辆的影响，交通流处于自由流状态，超车需求远小于超车能力，被动延误少，为驾驶人和乘客提供的舒适便利程度高。

二级服务水平是指：随着交通量的增大，速度逐渐减小，行驶车辆受别的车辆或行人的干扰较大，驾驶人选择行车速度的自由度受到一定限制，交通流状态处于稳定流的中间范围，有拥挤感。达到二级服务水平下限时，车辆间的相互干扰较大，开始出现车队，被动延误增加，为驾驶人提供的舒适便利程度下降，超车需求与超车能力相当。

三级服务水平是指：当交通需求超过二级服务水平对应的服务交通量后，驾驶人选择车辆运行速度的自由度受到很大限制，行驶车辆受别的车辆或行人的干扰很大，交通流处于稳定流的下半部分，并已接近不稳定流范围，流量稍有增长就会出现交通拥挤，服务水平显著下降。达到三级下限时行车延误的车辆达到 80%，所受的限制已达到驾驶人所允许的最低限度，超车需求超过了超车能力，但可通行的交通量尚未达到最大值。

四级服务水平是指：交通需求继续增大，行驶车辆受别的车辆或行人的干扰更加严重，交通流处于不稳定流状态。靠近下限时每小时可通行的交通量达到最大值，驾驶人已无自由选择速度的余地，交通流变成强制状态。所有车辆都以与通行能力对应的、但相对均匀的速度行驶。一旦上游交通需求和来车强度稍有增加，或交通流出现小的扰动，车流就会出现走走停停的状态，此时能通过的交通量很不稳定,其变化范围从基本通行能力到零,时常发生交通阻塞。

高速公路服务水平分级见表 2-2。一级公路服务水平分级见表 2-3。二、三、四级公路服务水平分级见表 2-4。

高速公路服务水平分级　　表 2-2

服务水平等级	密度[pcu/(h·ln)]	设计速度(km/h)								
		120			100			80		
		速度(km/h)	V/C	最大服务交通量[pcu/(h·ln)]	速度(km/h)	V/C	最大服务交通量[pcu/(h·ln)]	速度(km/h)	V/C	最大服务交通量[pcu/(h·ln)]
一	≤7	≥109	0.34	750	≥92	0.31	650	≥74	0.25	500
二	≤18	≥90	0.74	1 600	≥79	0.67	1 400	≥66	0.60	1 200
三	≤25	≥78	0.88	1 950	≥71	0.86	1 800	≥60	0.75	1 500
四	≤45 >45	≥48 <48	接近 1.0 >1.0	<2 200 0～2 200	≥47 <47	接近 1.0 >1.0	<2 100 0～2 100	≥45 <45	接近 1.0 >1.0	<2 000 0～2 000

注:V/C 是在理想条件下,最大服务交通量与基本通行能力之比,基本通行能力是四级服务水平上半部的最大交通量。

一级公路服务水平分级　　表 2-3

服务水平等级	密度[pcu/(h·ln)]	设计速度(km/h)								
		100			80			60		
		速度(km/h)	V/C	最大服务交通量[pcu/(h·ln)]	速度(km/h)	V/C	最大服务交通量[pcu/(h·ln)]	速度(km/h)	V/C	最大服务交通量[pcu/(h·ln)]
一	≤7	≥96	0.35	700	≥78	0.30	550	≥60	0.25	400
二	≤15	≥87	0.65	1 300	≥70	0.58	1 050	≥57	0.53	850
三	≤20	≥80	0.80	1 600	≥65	0.72	1 300	≥52	0.66	1 050
四	≤40 >40	≥50 <50	接近 1.0 >1.0	<2 000 0～2 000	≥46 <46	接近 1.0 >1.0	<1 800 0～1 800	≥40 <40	接近 1.0 >1.0	<1 600 0～1 600

二、三、四级公路服务水平分级　　表 2-4

服务水平等级	延误率(%)	设计速度(km/h)											
		80				60				≤40			
		速度(km/h)	不准超车区(%)			速度(km/h)	不准超车区(%)			速度(km/h)	不准超车区(%)		
			<30	30～70	>70		<30	30～70	>70		<30	30～70	>70
			V/C				V/C				V/C		
一	≤30	≥76	0.15	0.13	0.12	≥65	0.15	0.13	0.11	≥54	0.14	0.13	0.10
二	≤60	≥67	0.40	0.34	0.31	≥56	0.38	0.32	0.28	≥48	0.37	0.25	0.20
三	≤80	≥58	0.64	0.60	0.57	≥48	0.58	0.48	0.43	≥42	0.54	0.42	0.35
四	<100	≥48 <48	1.0	1.0	1.0	≥40 <40	1.0	1.0	1.0	≥37 <37	1.0	1.0	1.0

公路规划、设计时，既要保证必要的车辆运行质量，同时又要兼顾公路建设的投资成本。原则上高速公路和一级公路采用二级服务水平进行设计；一级公路作为集散公路时，可采用三级服务水平设计；互通式立体交叉的分合流区段匝道以及交织区段可采用三级服务水平设计。二三级公路和无控制交叉采用稳定流的下半部分，即按三级服务水平设计。四级公路主要服务于地方经济。具体见表 2-5。

各级公路设计采用的服务水平　　表 2-5

公路等级	高速公路	一级公路	二级公路	三级公路	四级公路
服务水平	二级	二级	三级	三级	—

公路服务于汽车行驶的服务，除体现在服务水平的分级上，更为重要的是公路作为带状建筑群，其主体结构——公路几何（路线、路基、路面、桥涵、隧道、路线交叉）以及交通工程及沿线设施等方面的技术系统，应该满足汽车行驶的复杂功能需求，这些是公路工程与交通工程等学科研究的内容，相应的公路工程技术标准和规范体系也已经纳入，这里不做过多论述，仅举几个事例。如行车道是公路上供各种车辆行驶部分的，加速车道为供车辆驶入高速车流之前加速专用的车道，减速车道为供车辆驶离高速车流之后减速专用的车道；爬坡车道设置在上坡路段，是供慢速上坡车辆行驶专用的车道；错车道是在单车道的公路可通视的一定距离内，供车辆交错避让用的一段加宽车道；分隔带是沿公路纵向设置的分隔行车道用的带状设施。

2.3　公路服务于停车及客流的服务功能

本节介绍公路服务于停车及客流的服务功能。关于公路服务于货流，本书暂不作研究与讨论。

2.3.1　公路服务于停车的服务功能

公路服务于停车的功能主要体现在以下方面。

(1)公路边用于停车的停车带

停车带是为使汽车停车而不妨碍交通安全，在高等级公路行车道的右侧设置的供临时停车用的地带。紧急停车带与车道平行设置，其宽度以故障车辆临时停放时不致侵占行车道宽度，不影响行车道上的车辆正常行驶为宜。高速公路、一级公路紧急停车带宽度为 3.5m，有效长度大于 30m，间距不宜大于 500m。

(2)公路服务区、停车区、公共汽车停车站

公路服务区、停车区、公共汽车停车站属公路服务设施，是公路交通运输体系的一个基本要素，是体现公路文化的重要窗口，也是突出公路内涵与品质的重要区域，其规模根据公路设计交通量、交通组成等确定。其中服务区、停车区的位置根据区域路网、地形、景观、环保等规划布设。除高速公路建设公路服务区、停车区、公共汽车停车站等公路服务设施外，许多地区一级、二级公路也均布设了相应的公路服务设施，这些服务设施的建立与完善，与其他服务系统一起构建了公路服务体系。

公路服务区根据服务等级要求可提供停车场、加油站、公共厕所、休息区、小卖部或餐厅、汽车维修、绿地和管理设施等，一些地区还结合地区特点增设了客房，还有的在环境优美的地方修建有观景台等设施。一般间距 50km。

停车区也是根据服务等级要求可提供少量停车车位、公共厕所、长凳等设施。

公共汽车停车站主要依据沿线乡镇分布、居民出行需求等设置。

(3)公路运输场站

公路汽车运输场站包括汽车客运站、货运站、维护场、修理厂、加油站、专门停车场、收费站及检测站等，特别是汽车客运站和货运站等内部已经包括了汽车停车场(或维护车间)等的服务设施，专门停车场更是针对不同需求的停车区域，有面向公众服务的也有面向企业等单位服务的，不同类型加油站均能提供临时短暂停车、加水、如厕等服务。

在公路运输学科体系中公路运输场站(包括加油站、收费站等)纳入汽车

运用工程专业领域。从目前公路工程技术标准体系分析，公路加油站纳入服务设施，检测站中的超限检测站、收费站纳入管理设施，但是从学科建设与人才培养角度，公路工程学科中并未纳入这些内容，公路工程建设与管理者对此认识也各不相同，容易导致目前不同地区公路服务、管理设施建设与维护水平参差不齐。

(4)公路养护工区、道班

公路养护工区、道班是公路管理养护设施与机构的综合体。在许多地区公路养护工区、道班承担了许多公路服务(包括住宿、餐饮、卫生站、停车、厕所等)功能，同样体现了公路文化与品质内涵，展示与共同构建了公路的综合服务体系。

2.3.2 公路服务于客流的服务功能

公路服务于客流的服务功能大部分类似于停车服务。需要重点指出的公路服务于客流的重点区域——公路汽车客运站，一直纳入在汽车运输工程专业学科体系，作为城镇的重要门户与服务窗口，同时也是公路运输体系的服务窗口。

公路汽车客运站设计包括两大系统，其一是平面工艺设计，包括客运站的选址、工艺流线组织、总平面工艺设计、站房平面工艺设计和站前广场与停车场的设计等，这些需要确定建设规模、各部位(候车室、售票处等)的面积和位置、尺寸等。提供的服务包括售票、行包托运、候车、开水、公共厕所、公共安全、广播、小件寄存、问讯、邮局等公众服务，也提供内部管理及职工(尤其是驾驶人)休息、车辆维修等服务。第二大系统为客运站建筑设计，包括了客运站独特的消防设计，不同功能的建筑设计及取暖、通风、给排水和电气照明设计等。

公路服务于客流的服务体系中往往被忽视的是客流的就餐问题。目前从客运站角度出发，一般客运站提供能满足部分客流的简餐、快餐或方便食品的销售，与城镇餐饮企业共同提供客流的就餐服务。但是从需求角度，这种服务目前已经不能适应我国经济的快速发展和人民生活水平的提高。从公路带状的建筑群体角度，除高等级公路提供服务区内的就餐服务外，一般公路并没有沿线的就餐服务，导致长途汽车的客流往往被人为地引到一些小餐馆就餐，有些小餐馆的服务能力、服务水平和服务质量并不能满足客流的需求。从完善公路服务体系角度，对一般公路，公路建筑群本身也应配备能提供就餐等服务的服务设施，提高整个公路的服务水平与品质，满足客流的正常需求。

公路服务于客流的另外一个主要功能是旅游活动的服务项目。公路作为旅游的重要载体，在旅游活动中已经并将继续发挥重要作用，相应地提供各类基本服务，包括提供旅游标识服务，引导、诱导旅游项目服务，公路文化宣传和旅游文化服务，舒适、动态景观服务，服务区旅游食品、商品销售，公路导游等。

2.4　公路服务于相关人员的服务功能

2.4.1　公路服务于驾驶人的服务功能

由于驾驶人是一个社会个体，其年龄、素质等直接影响其心理和需求，所以对驾驶人的服务需求目前并无全面分析，但其基本需求可以概括如下：

(1)驾驶人的安全行驶需求

驾驶人的安全行驶需求主要表现为驾驶轨迹的流畅与否(公路线形指标的均衡)、公路侧向余宽、驾驶干扰，以及交通标志、标线和安全设施的完善程度等方面。

关于安全行驶的需求，在较长的国道主干线上，长途驾驶人更需要休息和短暂放松，所以适当的休息和短暂放松的设施应是需要完善的服务项目，包括临时汽车旅馆、简易运动器材等。

(2)驾驶人生活基本需求

驾驶人生活基本需求包括就餐、如厕、开水、购物。

(3)驾驶人视觉享受

驾驶人视觉享受包括驾驶期间动态视觉享受及停车休息、加油期间的空间视觉享受。如果将行程视为行车审美、舒适旅游的活动，那么公路应提供比较高的视觉服务水平，这也是道路建设与管理者奋斗的目标。

2.4.2　公路服务于收费管理、养护者的服务功能

对公路收费管理、养护者来讲，公路是其工作、生活的场所，他们的工作环境是一个流动或固定的野外建筑群，根据这些特点，其基本功能应具备居住、就餐、如厕、洗澡、娱乐、运动、会议、培训、换洗晾晒衣服等基本功能，一些条件具备的高速公路管理中心均布设一些体育运动器材或场地(如篮球场)，但是大部分低等级公路的管理、养护区域缺少诸如洗澡、娱乐、运动等基本设施。

2.4.3 公路服务于当地居民的服务功能

对当地居民来讲，公路应具有服务于当地居民工农业生产和出行的需求，首先是交通出行的便利和交通工具的可选择性。对农村公路或经过乡镇的公路，自行车道或兼顾自行车等使用的需求较为突出，部分地区还存在保有畜力车的现状，公路应满足这些地区畜力车慢行的状况。相对城区而言，城乡结合部和农村公路具有不同的功能需求，农村公路和城乡结合部公路应兼顾农耕、灌溉的需求，通道、天桥应满足农业机械和运送肥料、粮食等农用车辆的通行。

公路服务于当地居民的另外体现是公路服务于军事、地方厂矿企业或林区（特殊公路）的情况。公路服务于军事、厂矿企业时，应满足军事、厂矿企业特殊车辆的通行（一般为大吨位超重、超长的车辆），其网络有时应单独自成体系，满足军事、厂矿企业内部运输组织。公路服务于林区时，除类似服务于军事、厂矿企业道路往往自成体系外，还应具有防火通道、救援通道的特殊功能。

公路服务于当地居民的更为重要的一个方面是公路在救助、救灾、抢险、抗洪方面的特殊功能。

第3章　公路建筑空间形式与特征

传统的公路工程设计一般较多地考虑与汽车密切相关的公路线形指标及安全驾驶的必要条件，随着人民生活水平的提高，人们对公路建筑群体的空间认识和需求相应地已经提到一定高度，许多公路设计或者分项设计之中已经考虑了建筑空间的特殊性。本章介绍公路建筑群的空间形式与特征，包括公路建筑限界及尺度、建筑外部空间、公路线形空间与特点、公路交叉形式。

3.1　公路建筑外部空间特性

公路建筑群不仅是一个公共的外部空间，而且建筑物内部空间也呈多样化格局，由于内部空间随建筑单体而异，本节重点介绍建筑外部空间特性。

空间是由点、线、面、体占据，扩展或围合而成的三维度体，具有形状、大小、色彩、质感等视觉要素，以及位置、方向、重力等关系要素，其视觉效果与这些因素有关。

空间的效果直接受空间限定的方式影响。空间限定方式有闭合程度、深度感、形状、秩序、材料、色彩等。在景观中主要由各类建筑物、构筑物以及自然的山、水、树、石等来限定空间。地面与屋顶的高低、起伏，墙面的直曲开合，山水、树木的形体色彩组织都影响着人对空间的感知。对公路建筑群而言，公路的色彩一般变化不大，仅在特殊建筑群（跨线桥、收费站、服务区等）中作适当调整；公路由于在运动中展现，公路空间的深度比较单一，本节对公路空间的深度不作重点讨论，关于公路建筑群的色彩也在后文进行分析，这里重点讨论公路建筑群作为外部空间涉及闭合程度的空间组合。

公路建筑群涉及的外部空间，同时要满足建筑在停车、交通、通风采光、安全、休闲、集会、观赏等方面的要求。一般存在闭合与开敞空间、静态与动态空间、硬质空间与软质空间进行交替变化，表达多种需求。

3.1.1　空间闭合程度

闭合（封闭）与开敞是空间的两种基本属性。公路两旁整齐的高大乔木容易形成一种典型的闭合空间。闭合产生人活动的场所，使人最初占有空间的愿望得以满足。全封闭的空间给人以明确的领域感、私密、安全、隔离性以及使人们从四面八方感到空间中面与面之间的力的作用。尤其当人处在面积较小的全封闭空间中时，这种作用力更为明显，如在电梯中，由于人所面对着的墙壁与人之间的距离过小，使人的心理明显地感受到了对面墙壁的推力，由于空间过小使人感觉处在无处可躲的境地，时间久了就会感到局促不安。这也是为什么面积过小而又封闭的房间不适于人久留的一个原因。同样，长时间停留在小汽车内的人，相比较大客车，也有处于闭合空间的体验和感觉。部分开敞的空间更具有方向性，明暗和光影变化以及与外界的联系，减小了空间限定的压力，使空间感有所扩大。全开敞的空间方向性减弱甚或无方向性，形成了更为强烈的连续感和融合感，人很容易融入其中。

开敞空间其相邻空间视觉通透性强，无压抑感(图 3-1)，闭合空间，其开口面积小，有大片实体面积，封闭感强，厚重而内向，是一种有安全感的空间(图 3-2)。

图 3-1　开敞式外部空间

图 3-2　封闭式外部空间

公路设计中可以对封闭空间进行开敞化处理(图 3-3)，也可对开敞空间进行适当的闭合化处理，增加相应的界面(图 3-4)。对公路建筑群，外部空间大致可以分为以下几种类型(图 3-5)：单体建筑围合而成的内院空间(如公路管理中心、停车场或养护中心)；以空间包围单栋建筑形成的开敞空间(如公路收费站)；建筑组团平行展开的线形空间(如公路服务区)。

图 3-3　封闭空间的开敞化处理

图 3-4　开敞空间的界面化处理

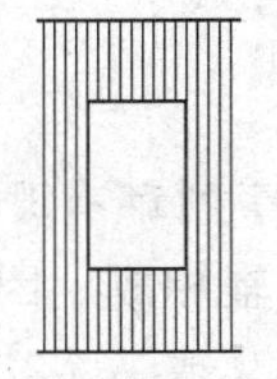

a)围合内院空间

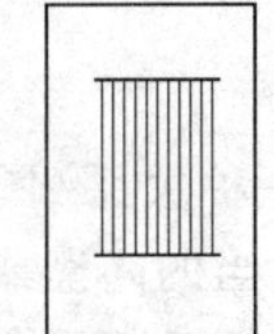

b)单栋开敞空间

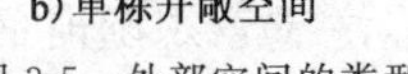

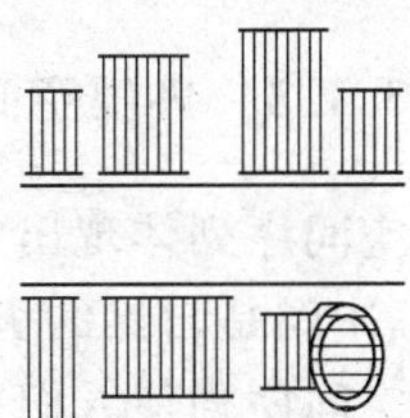

c)建筑组团线形空间

图 3-5　外部空间的类型

3.1.2　空间的动静与质

静态空间是一种被完全限定的，由静态的水平和垂直界而构成的"动线"上不通的空间。很多街道、广场中可供茶座、静坐休息、读书、看报、远望、交谈等可逗留空间，也可视为静态空间(图 3-6)。动态空间是由曲、斜、折面构成的，暗示方向，具有一定动向的空间。动态空间也叫流动空间，就是创造各空间之间视觉的延续，强调空间的渗透与层次变化(图 3-7)。

图 3-6　静态空间

图 3-7　动态空间

从材料上讲，硬质空间(图 3-8)是由砖、石、混凝土等物质界面构成的，显示永恒、生硬、端庄感的空间。软质空间是由绿化、水体、木材等物质界面构成的，具有自然、活泼、温暖的感觉，表现出柔性可塑的空间(图 3-9)。

图 3-8　硬质空间

图 3-9　软质空间

3.1.3 外部空间的序列

空间序列体现出空间之间的一种关系(图 3-10)。每个序列都有开始和结尾,中间是自然的引导,并通过适当的高潮或主次高潮而相辅相成。因此用何种空间序列使人们在一定时间内感受到一个个空间及其变化或关系就成为设计的重点。科学合理的空间,注重景观随时间和地点、时间和空间这两个维度的连续变化而产生的序列。空间序列存在以下三种主要形式。

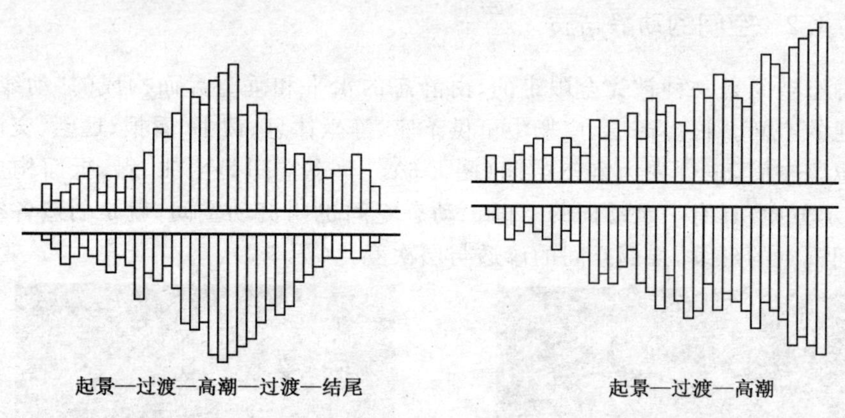

图 3-10 空间序列

(1)两段式。入口即为景观空间的起点(起景),主要节点(景点)达到高潮(图 3-11),空间形式也是由小变大、由闭合变为开敞。

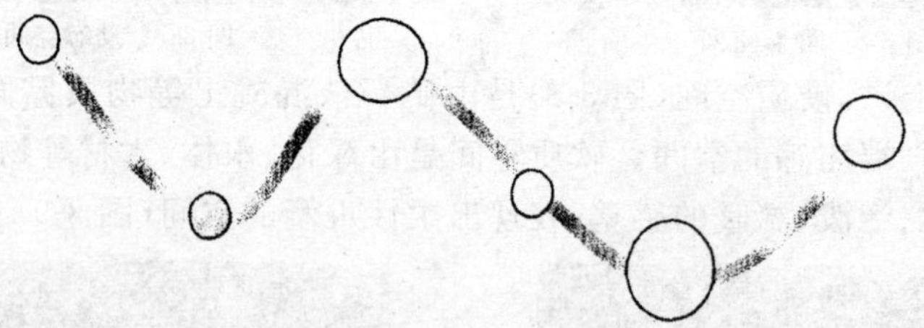

图 3-11 空间兴奋节点示意图

(2)三段式。在入口(起景)与高潮之间存在一个过渡段,过渡段起引申高潮或作为高潮前奏的作用。

(3)多段式。主要有起景—前奏—过渡—高潮—结束等环节。在空间形式上也存在这样的系列环节:封闭(小空间)—半封闭或半开敞(小空间或借景空间)—半开敞(主景大空间)—封闭或半封闭(小空间)。

3.2　公路建筑空间界限与尺度

公路建筑本身是一个空间的建筑群体，每一个建筑（构造物）都具有与其基本功能相匹配的建筑空间和尺度。这里的尺度主要是指公路建筑物与车辆和人体之间的大小关系，以及建筑（群）各部分之间的大小关系。公路建筑设计中空间和尺度往往需要考虑不同类型车辆的基本尺寸和运动轨迹，交通流量和人的流量，同时要兼顾公路运营养护、救护等应急车辆和人员的通行。

3.2.1　交通流特征及设计车辆外廓尺寸

我国一般公路（尤其是农村公路），机动车与非机动车混合行驶。而对高速公路和其他封闭公路而言，其交通车辆主要为汽车。

公路路线与交叉几何设计所采用的设计车辆外廓尺寸见表3-1。当有特殊车辆通行时，要着重考虑特殊车辆外廓尺寸的影响。

设计车辆外廓尺寸　　表3-1

车辆类型	总长(m)	总宽(m)	总高(m)	前悬(m)	轴距(m)	后悬(m)
小客车	6	1.8	2	0.8	3.8	1.4
载重汽车	12	2.5	4	1.5	6.5	4
鞍式列车	16	2.5	4	1.2	4+8.8	2

3.2.2　公路建筑限界

公路建筑限界是指为了保证公路上规定的车辆正常运行与安全，在一定宽度和高度范围内，不得有任何障碍物侵入的空间范围。公路标志、护栏、照明灯柱、电杆、管线、绿化、行道树以及跨线桥的梁底、桥台、桥墩等任何部分均不得侵入公路建筑限界之内。

1）各级公路的建筑界限

各级公路的建筑限界规定如图3-12所示。隧道最小侧向宽度见表3-2。

隧道最小侧向宽度　　表3-2

公路等级	高速公路			一级公路			二级公路		三级公路		四级公路
设计速度（km/h）	120	100	80	100	80	60	80	60	40	30	20
左侧侧向宽度 $L_{左}$(m)	0.75	0.50	0.50	0.50	0.50	0.50	0.75	0.50	0.25	0.25	0.50
右侧侧向宽度 $L_{右}$(m)	1.25	1.00	0.75	1.00	0.75	0.75	0.75	0.50	0.25	0.25	0.50

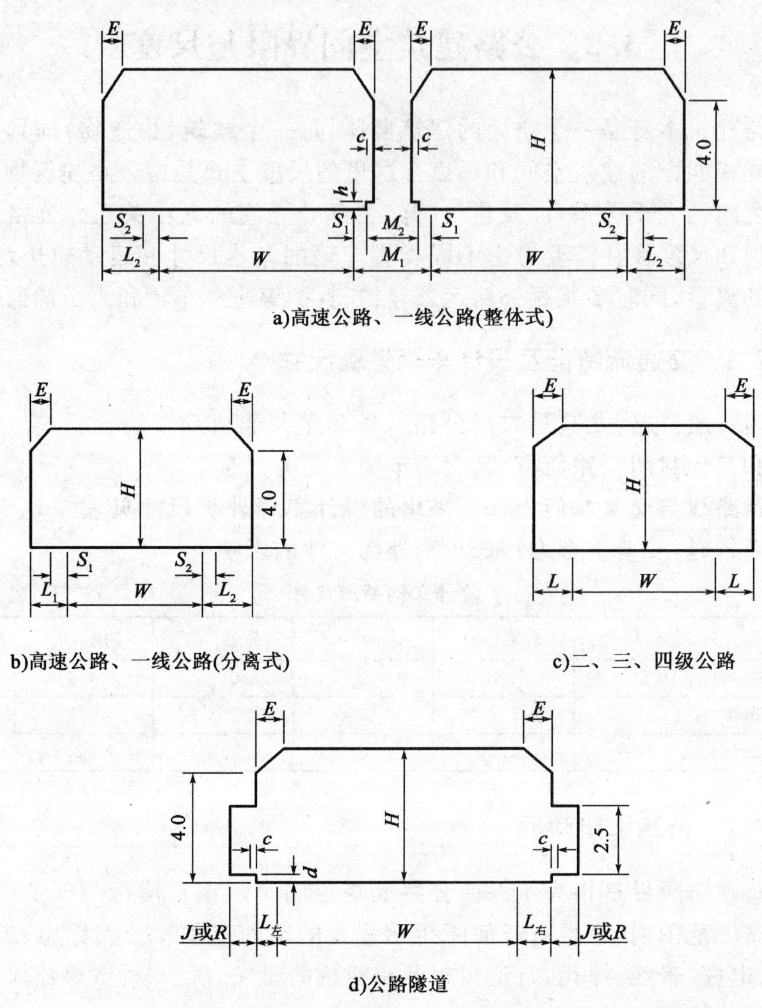

图 3-12 建筑限界(尺寸单位:m)

W-行车道宽度;L_1-左侧硬路肩宽度;L_2-右侧硬路肩宽度;S_1-左侧路缘带宽度;S_2-右侧路缘带宽度;L-侧向宽度。高速公路、一级公路的侧向宽度为硬路肩宽度(L_1 或 L_2);二、三、四级公路的侧向宽度为路肩宽度减去 0.25m;隧道内侧向宽度($L_{左}$或 $L_{右}$)应符合隧道最小侧向宽度的规定;C-当设计速度大于 100km/h 时为 0.5m,小于或等于 100km/h 时为 0.25m;M_1-中间带宽度;M_2-中央分隔带宽度;J-隧道内检修道宽度;R-隧道内人行道宽度;d-隧道内检修道或人行道高度;E-建筑限界顶角宽度,当 $L \leqslant 1$m 时,$E=L$;当 $L>1$m 时,$E=1$m;H-净空高度

注:当设置加减速车道、紧急停车带、爬坡车道、慢车道、错车道等时,其行车道包括这些部分的宽度。八车道及其以上的高速公路(整体式),建筑限界包括左路肩的宽度。桥梁、隧道设置检修道、人行道时,建筑限界包括该部分的宽度。

公路建筑限界的上缘边界线，不设超高的路段为水平线；设置超高的路段，与超高横坡平行。两侧的边界线，不设超高的路段与水平线垂直；设置超高的路段与路面超高横坡垂直。如图 3-13 所示。

2)净空与预留

高速公路、一级公路、二级公路的净高为 5.00m；三级公路、四级公路的净高为 4.50m。三、四级公路的路面类型若为砂石路面时，考虑今后路面面层可能需要改造提高，净空高度可预留 20cm。检修道、人行道与行车道分开设置时，其净高为 2.50m。公路下穿时要保证公路距构造物底部任意点均满足净高的需要。

构造物位于凹形竖曲线上方时，长大车辆通过会形成圆弧上的一条弦而降低了构造物下的有效净高，要保证有效净空高度满足各级公路规定的净空高度要求，如图 3-14 所示。

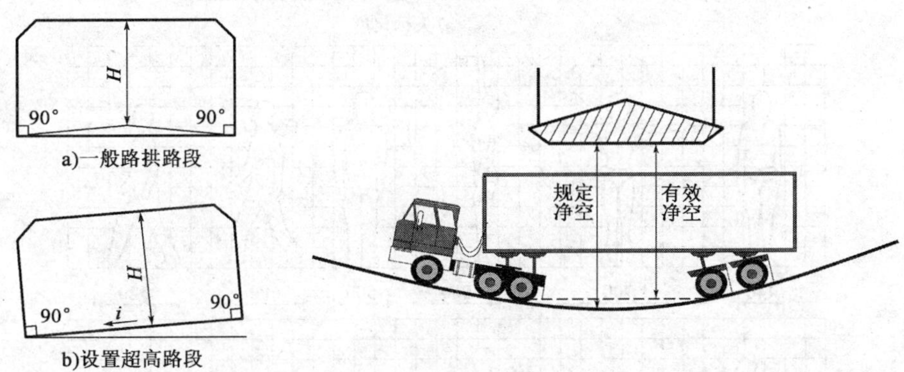

图 3-13　建筑限界的边界线划定

图 3-14　凹形竖曲线上方有效净空高度

3)公路用地范围

公路路堤两侧排水沟外边缘(无排水沟时为路堤或护坡道坡脚)以外，或路堑坡顶截水沟外边缘(无截水沟为坡顶)以外不小于 1m 范围内的土地，在有条件的地段高速公路和一级公路不小于 3m、二级公路不小于 2m 范围内的土地为公路用地范围。下列情况可根据实际确定用地范围：

(1)在风沙、雪害等特殊地质地带，需设置防护林，种植固沙植物，安装防沙或防雪栅栏以及设置反压护道等设施时。

(2)桥梁、隧道、互通式立体交叉、分离式立体交叉、平面交叉、交通安全设施、服务设施、管理设施、绿化以及料场、苗圃等。

(3)有条件或环境保护要求种植多行林带的路段。

3.2.3 人体尺度和人体活动的空间尺度

我国成年男子的平均身高为 1 670mm，以我国居民为主要服务对象的公路建筑群的空间尺度应满足设计群体的空间活动需求。我国人体尺度和人体活动的空间尺度见图 3-15。

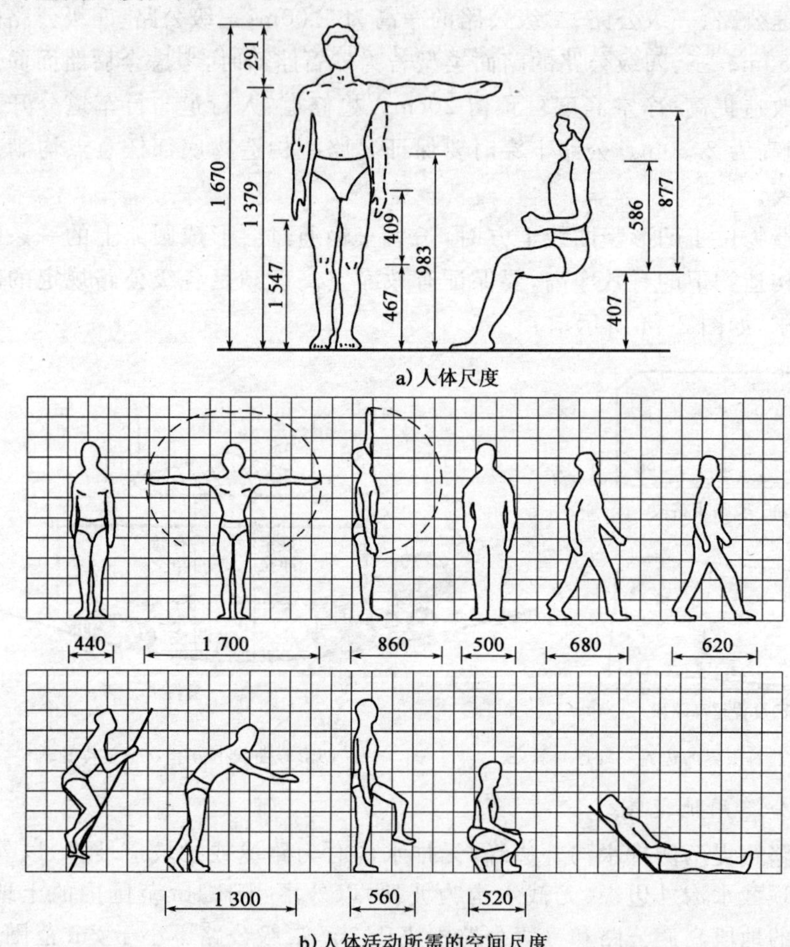

图 3-15 人体尺度和人体活动的空间尺度(尺寸单位:mm)

3.3 公路线形空间及特点

道路是一个三维空间的实体。路线是指道路中线的空间位置。路线在水平面上的投影称作路线的平面，如图 3-16 所示。沿中线竖直剖切再展开则是路线的纵断面；中线上任一点法向切面是道路在该点的横断面。路线的平面、纵断面和各个横断面是道路的几何组成。

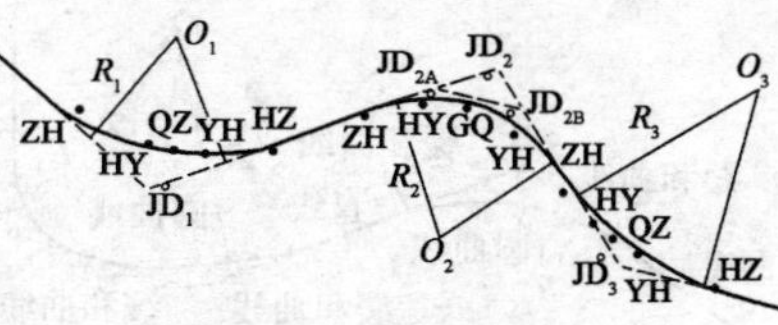

图 3-16　路线的平面

3.3.1　平面线形

道路平面线形及组合，是根据汽车行驶的力学性质和行驶轨迹要求，合理地确定各线形要素的几何参数，保持线形的连续性和均衡性，重点考虑驾驶安全基本要求，避免采用长直线，并注意使线形与地形、地物、环境和景观等协调，考虑汽车行驶美学及驾驶人视觉和心理上的要求。

1）路线与汽车行驶轨迹

汽车在行驶过程中，车轮在路面上所留下的痕迹可以粗略地看成是汽车的行驶轨迹。任何一辆正常行驶的汽车，无轮直行还是转弯，留下的轨迹都是一条光滑连续的优美线形。行驶中汽车重心的轨迹在几何性质上有以下特征：

（1）这个轨迹是连续的而且是圆滑的。

（2）这个轨迹的曲率是连续的，即轨迹上任一点不出现两个曲率值。

（3）这个轨迹的曲率变化率是连续的，即轨迹上任一点不出现两个曲率变化率值。

早期由直线和圆曲线构成的道路平面线形仅符合汽车行驶轨迹特性的第（1）条，满足了车辆的直行和转向要求，但在直线和圆弧相切处却出现了曲率的不连续（直线上曲率为 0，圆曲线上曲率为 $1/R$），如图 3-17 所示，与汽车行驶轨迹有较大偏离。于是现代道路在直线和圆曲线之间引入了一条曲率逐渐变化的缓和曲线，使整条线形符合汽车行驶轨迹特性的第（1）条和（2）条，保持了线形的曲率连续，如图 3-18 所示。

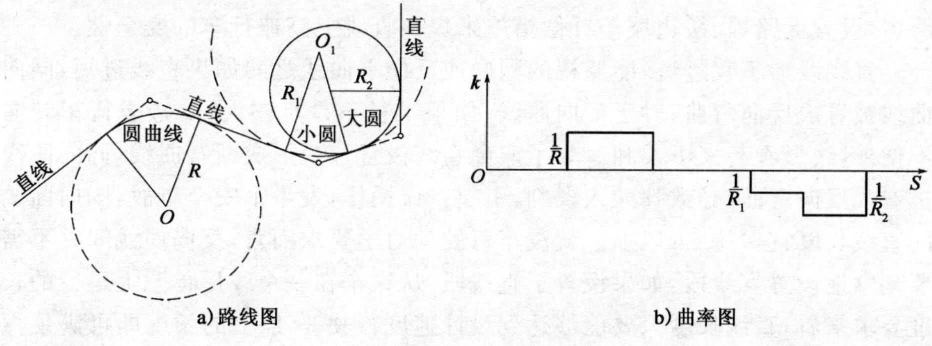

a）路线图　　b）曲率图

图 3-17　曲率不连续的路线

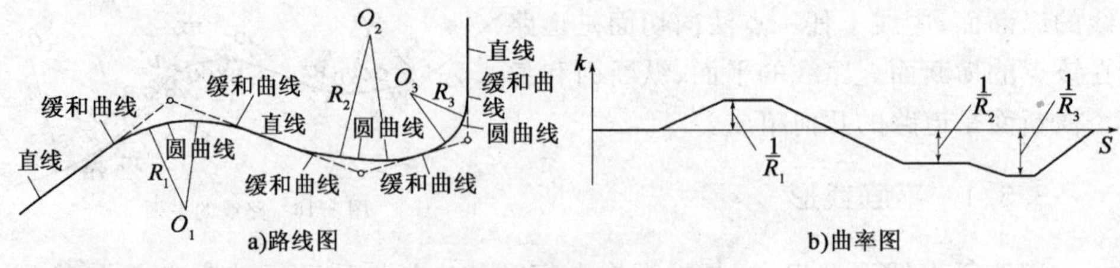

图 3-18　曲率连续的路线

道路由于设置了缓和曲线，在视觉上线形变得更加平顺，能更好地诱导驾驶人的视线。直线、圆曲线和缓和曲线称之为平面线形三要素，道路平面线形设计就是从线形的角度去研究三个要素的选用和相互间的组合等问题。高速公路和一级、二级、三级公路平面线形应由直线、圆曲线、缓和曲线(回旋线)三种要素组成；四级公路平面线形可由直线和圆曲线两种要素组成。

2)直线

直线是平面线形基本要素之一，具有能以最短的距离连接两控制点，线形易于选定和汽车行驶受力简单、方向明确、驾驶操作简易、视距良好、路基排水方便等优点。但由于直线线形不易与地形相协调，特别是对于山区公路，过多地采用直线会使公路整体线形僵硬，同时也会导致公路与周边自然环境难以协调配合，破坏自然环境景观，或导致边坡防护工程建设规模增大，诱发地质病害等。直线线形景观单调，易引起驾驶疲劳、并增加夜间行车车灯炫目的危险，还会导致超高速行驶状态。因而在设计直线线形和确定直线长度时，应结合地形、地物条件和直线的特点，慎重选用，不宜采用过长的直线，直线长度一般不宜超过 $20v$(20 倍速度的长度)。不得已采用长直线时，可通过进行路旁装饰性的绿化，设置必要的交通安全设施，提高驾驶人的注意力，消除长直线的单调景观，避免驾驶疲劳。对地广人稀的大戈壁、大草原地区可采用宽中央分隔带改善路容，设置低路堤、缓边坡等补偿措施来提高直线上高速行车的安全性。

直线线形不宜过短，能通视的同向或反向平曲线之间如果直线过短，同向曲线被看成反向弯曲；对于反向曲线，如果半径不是足够大，除造成行车转向不便外，线形看起来不柔和。为了避免直线设置过短形成断背曲线，同向曲线被看成反向弯曲，导致驾驶人误判，引起错误操作，发生不安全事故，同向曲线间直线长度宜保持 $6v$ 以上。就汽车行驶动力学要求而言，反向曲线间并不需要刻意地设置直线段，如果设置了直线段，从汽车在一个线形单元上运行的长度要求来看，直线长度只要能够达到设计速度行驶 3s 以上的长度即可满足汽车行驶上的要求，但过短的直线将会使得公路线形看起来很不舒服与顺畅。

3)圆曲线

圆曲线具有几何形态柔和,能够灵活地顺应各种地形的变化,易与地形相适应、可循性好、线形美观等优点。

圆曲线最小半径是以汽车在曲线上能安全而又顺势地行驶为条件确定的。最小平曲线半径的实质是汽车行驶在曲线部分时,所产生的离心力等横向力不超过轮胎与路面的摩阻力所允许的界限。最小圆曲线半径计算公式为:

$$R_{\min} = \frac{v^2}{127(\mu_{\max} + i_{h_{\max}})} \tag{3-1}$$

式中:v——设计速度(km/h);

$\mu_{\max}$——路面与轮胎间的最大横向力系数;

$i_{h_{\max}}$——路面最大超高横坡度。

在设计车速 v 确定的情况下,最小半径 $R_{\min}$ 取决于 $\mu_{\max}$ 和 $i_{h_{\max}}$ 的选值。从人的承受能力与舒适感考虑,当 $\mu<0.10$ 时,转弯时不感到有曲线存在,很平稳;当 $\mu=0.15$ 时,转弯时稍感到有曲线存在,尚平稳;当 $\mu=0.20$ 时,转弯时已感到有曲线存在,稍感不平稳;当 $\mu=0.35$ 时,转弯时感到有曲线存在,已感到不稳定;当 $\mu>0.40$ 时,转弯时已非常不稳定,有倾倒的危险。

4)缓和曲线

汽车在转弯行驶的过程中,存在一条曲率连续变化的轨迹线(缓和曲线),无论车速高低,这条轨迹线都是客观存在的,它的形式和长度则随行驶速度、曲率半径和驾驶人转动转向盘的快慢而定。在低速行驶时,驾驶人尚可利用路面的富余宽度在一定程度上把汽车保持在车道范围之内,缓和曲线似乎没有必要。但在高速行驶时,汽车则有可能超越自己的车道驶出一条很长的过渡性的轨迹线。从安全的角度出发,有必要设置一条驾驶人易于遵循的路线,使车辆在进入或离开圆曲线时不致侵入邻近的车道。缓和曲线总体上有以下基本功能:

(1)曲率连续变化,过渡离心力,符合行车轨迹,使乘客感觉舒适

汽车行驶在曲线上产生离心力,离心力的大小与曲线的曲率成正比。汽车由直线驶入圆曲线或由圆曲线驶入直线,由于曲率的突变会使乘客有不舒适的感觉。所以应在曲率不同的两曲线之间设置一条过渡性的曲线以缓和离心加速度的变化。

(2)超高横坡度与加宽的过渡,使行车更加平稳

行车道从直线上的双坡断面过渡到圆曲线上的单坡断面和由直线上的正常宽度过渡到圆曲线上的加宽宽度,一般情况下是在缓和曲线长度内完成的。

为避免车辆在这一行驶过渡中左右摇摆，并保证路容的美观，设置一定长度的缓和曲线也是必要的。

(3)线形视觉的过渡，与圆曲线配合，增加线形美观

圆曲线与直线径向连接，在连接处曲率突变，在视觉上有不平顺的感觉。设置缓和曲线以后，线形连续圆滑，增加线形的美观。同时从外观上看也感到安全，效果显著(图 3-19)。

a)未设置缓和曲线的线形扭曲

b)设置缓和曲线后线形平顺美观

图 3-19　直线与曲线连接效果

考察汽车匀速由直线进入圆曲线的行驶轨迹，其弧长与曲线的曲率半径之乘积为一常数。这一性质与数学上的回旋线正好相符，所以缓和曲线多用回旋线，也有采用三次抛物线、双纽线的。回旋线的参数宜符合 $R/3 \leqslant A \leqslant R$，满足线形顺适及美观要求。

5)平面线形组合

直线、圆曲线、回旋线的组合可选用以下几种形式：

(1)基本型：按直线—回旋线—圆曲线—回旋线—直线的顺序组合，如图 3-20 所示。

基本型的两个回旋参数值可根据地形条件设计成非对称的曲线。回旋线—圆曲线—回旋线的长度之比宜为 1∶1∶1。

(2)S 形：两反向曲线径相衔接或插入的直线长度不足时，可采用回旋线将两反向曲线连接组合为 S 形曲线，如图 3-21 所示。

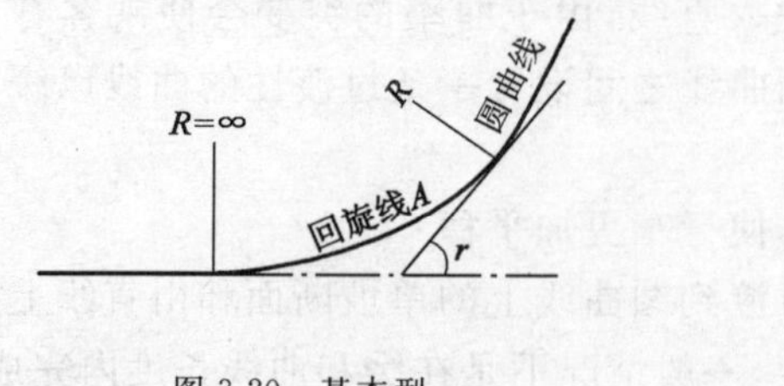

图 3-20　基本型

图 3-21　S 形

(3)卵形：用一条回旋曲线连接两个同向曲线的组合曲线，如图 3-22 所示。卵形曲线的大圆必须把小圆完全包含在内。

(4)复合型：大半径圆曲线与小半径圆曲线相衔接处，采用两个或两个以上同向回旋线在曲率相同处径向连接而组合成的曲线，如图 3-23 所示。在地形受限或互通式立交的匝道设计中可采用复合型曲线。

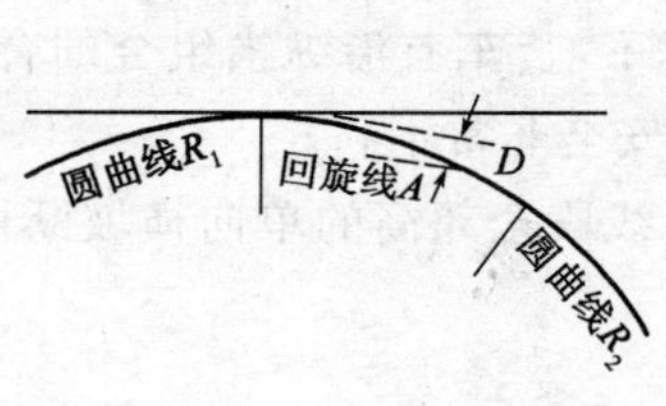

图 3-22　卵形

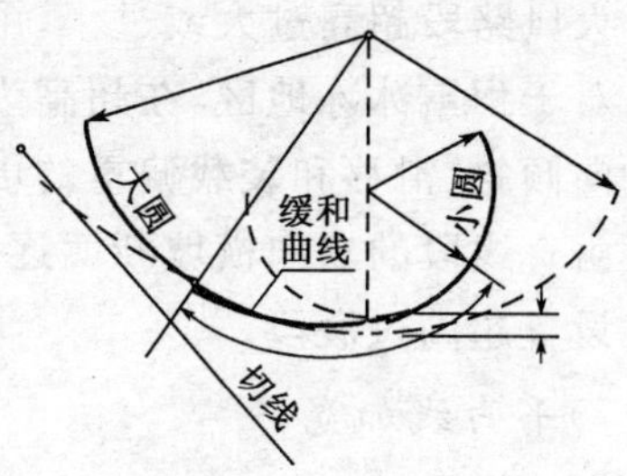

图 3-23　复合型

(5)凸形：两个回旋线在最小曲率点处径向连接的曲线，如图 3-24 所示。凸形曲线只有在路线严格受地形、地物限制，且对接点的曲率半径相当大时方可采用，高速公路上应避免采用凸形曲线。

(6)C 形：将两同向圆曲线在回旋线曲率为零处径向衔接而组合成的曲线，如图 3-25 所示。C 形曲线仅限于地形条件特殊困难、路线严格受限时方可采用；高速公路上应避免采用 C 形曲线。

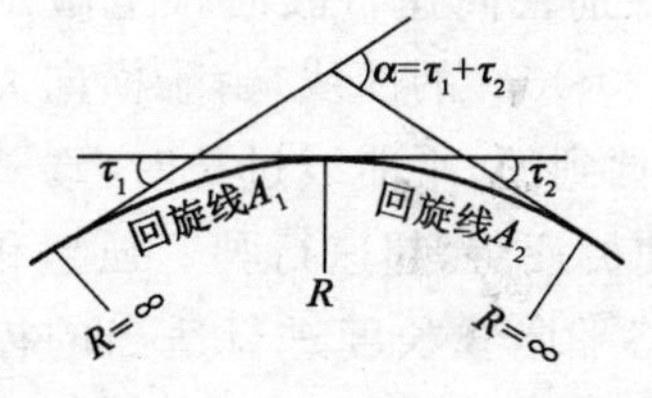

图 3-24　凸形

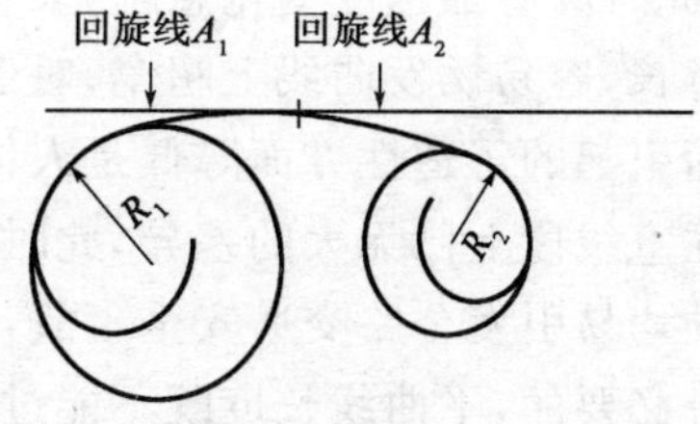

图 3-25　C 形

6)平曲线超高

在曲线路段，为平衡高速行驶车辆的离心力，需要设置超高形成向心力。对于低速车辆，乃至因故暂停在弯道上的车辆，其离心力接近于零或等于零。如果超高值过大，超出轮胎与路面之间的横向摩阻力，车辆即有沿着路面最大合成纵坡方向下滑的危险。因此超高应适度，最大超高值不大于一年中气候恶劣季节路面的横向摩阻力。我国高速公路和一级公路一般正常情况下最大超高横坡度应采用 8%，当交通组成中的小客车比例较高时，可考虑采用

10%；二、三、四级公路限定最大超高为8%。下坡与平曲线的组合对拖挂车的稳定性将产生不利影响，为了消除这一影响，应提高位于陡坡路段的平曲线超高横坡度。

二级、三级、四级公路接近城镇路段，车辆行驶速度一般会有所降低，同时城镇路面排水也不允许设置大的超高，因此其最大超高较一般公路应有所降低。

大风路段超高过大或过小，可能形成大风与离心力或下滑力的不利组合。

对于积雪冰冻地区，在超高为8%的情况下，货车有沿纵横组合的合成坡度方向倾斜、滑移和装载偏重的可能，对行驶安全非常不利。

由直线段的双向横坡断面逐渐变到圆曲线段全超高的单向横坡断面，其间需设置超高过渡段。

7)平曲线加宽

汽车在圆曲线上行驶时，所有车轮沿不同半径行驶，后轴内侧车轮行驶的半径较小，前轴外侧车轮所经曲线半径最大。因此，在曲线上行驶的汽车占有较大的宽度，可能需将车道加宽才能满足行车的要求。同时由于驾驶人保持车辆在车道中心线上也较困难，弯道部分的路面宽度相比直线段需要加宽。二级、三级、四级公路的圆曲线半径小于或等于250m时，需设置加宽。

8)平曲线长度

汽车在公路曲线上行驶时，如果曲线长度过短，就必须很快地转动方向盘，此时离心加速度变化急剧，乘客不舒适，特别在高速行驶时很危险。平曲线过长，容易诱发曲线上超车；对于半径大于3 000m的曲线，由于横向力的存在而引起的舒适性方面降低是人体所不能感觉到的，平曲线过长时，驾驶操作与在直线段上已无大的差异，此时易引起驾驶员疲劳，超速行驶。强超和超速行驶均易引发公路交通安全事故，因此对公路平曲线长度进行适当的控制是十分必要的，平曲线长度既不能过短，也不能过长。

在驾驶操纵上往一个方向转动转向盘最小需要3s，因此，回旋线间插入的圆曲线长度最好为按设计速度行驶3s以上的长度。在公路平面设计时，平曲线最小长度应按不小于3倍回旋线长度控制。

当公路转角较小时，即使采用了相当大的半径，驾驶人也会把曲线长度看成比实际的小，看起来好像公路出了个硬弯。一般认为，小偏角曲线应有足够的长度，否则路容上出现扭曲，还会引起曲率看上去比实际大的错觉。我国对小于7°的公路转角视为小偏角。当路线转角等于或小于7°时，可通过选择合适的曲线半径，设置足够长度的曲线改善视觉效果，平曲线最小长度应予以限制。

3.3.2　纵断面线形

公路纵断面由直线和竖曲线两种线形组成，直线的上坡和下坡用坡度和水平长度表示。

1)纵坡

公路纵坡依据汽车的动力特性、道路等级、自然条件、工程量、排水条件等因素，通过综合分析研究确定，并应考虑车辆行驶安全及工程和运营经济等因素。对不同设计速度，公路纵断面相邻两个变坡点之间的最小坡长和不同坡度的最大坡长应进行限制，最小坡长不应影响行车的连续性和安全性。

随着纵坡增大，每提高速度1km/h的油耗和每增加一吨货物的油耗是急剧增加的，当纵坡坡度大于7%时尤为突出。考虑到我国较长一段时间内"解放"和"东风"这类载重汽车仍将占很大比例，所以当载重汽车交通量较大时，各级公路尽量采用较小的纵坡，慎用最大纵坡。各级公路的最大纵坡主要考虑载重汽车的爬坡性能和公路通行能力，见表3-3。高原地区公路，当海拔高度超过3 000m时，应考虑纵坡折减。

公路最大纵坡　　表3-3

设计速度(km/h)	120	100	80	60	40	30	20
最大纵坡(%)	3	4	5	6	7	8	9

隧道纵坡与汽车排放的废气量有关，其纵坡以接近3%为界限，纵坡再增大排放的废气量将急剧增加。

2)合成坡度

为尽可能地避免陡坡与急弯的组合对行车产生的不利影响，路线纵坡 i 与弯道超高横坡或路拱横坡 i_h 组合而成的坡度(合成坡度，其方向一般是斜向路基边缘)应控制在适当的范围内。合成坡度过大时，冬季路面有积雪、结冰的地区，车辆横移性增大；自然横坡陡峻的傍山路段，斜滑后果严重；非汽车交通比率高的路段，斜移也将对非机动车造成较大危害。合成坡度过小则排水不畅，路面积水易使汽车滑移，前方车辆溅水造成的水幕影响通视，使行车中易发生事故。当合成坡度小于0.5%时，应采取综合排水措施，保证公路排水畅通。

3)竖曲线

当汽车行驶在纵坡变坡点时，为了缓和因车辆动能变化而产生的冲击和为了保证视距，公路纵坡变更处应设置竖曲线，竖曲线一般采用圆曲线和二次抛物线两种。竖曲线最小半径与最小长度的确定主要考虑以下三方面控制因素。

(1)离心力冲击的影响

汽车行驶在竖曲线上时,产生径向离心力。这个力在凹形竖曲线上是增重,在凸形竖曲线上是减重。这种增重与减重达到某种限度时,旅客就有不舒适的感觉,同时对汽车的悬挂系统也有不利影响,所以在确定竖曲线半径时,对离心加速度应加以控制。

(2)时间行程不易过短

汽车从均匀坡道行驶到竖曲线上,尽管竖曲线半径不小,如其长度过短,汽车倏然而过,乘客也感到不适,故应保证在竖曲线上行经时间不易过短,最短应满足 3s 行程。

(3)满足视距的要求

汽车行驶在竖曲线上,若为凸形竖曲线,如果半径太小,会阻挡驾驶人的视线。若在凹形竖曲线上时,也同样存在视距问题。对地形起伏较大地区的道路,在夜间行车时,若竖曲线半径过小,前灯照射距离近,影响行车速度和安全;高速公路及城市道路跨线桥、门式交通标志及广告宣传牌等,如果它们正好处在凹形竖曲线上方,也会影响驾驶人的视线。为了保证行车安全,对竖曲线的最小半径应加以限制。

公路纵断面竖曲线基本要素如图 3-26 所示。

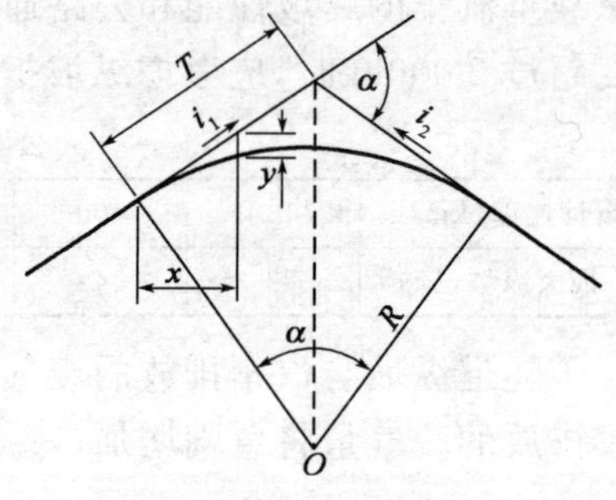

图 3-26 竖曲线要素图

R-竖曲线半径(m);T-竖曲线切线长度(m);x-竖曲线上任意一点距起点或终点的水平距离(m);y-竖曲线上任意一点距切线的距离(m)

3.3.3 公路横断面的主要组成

横断面组成包括行车道、路缘带、路肩、中间带宽度、护栏、隔离栅等。

1)公路路基横断面组成

高速公路、一级公路的路基标准横断面分为整体式和分离式路基两类。整体式路基的标准横断面由车道,中间带(中央分隔带、路缘带),路肩(硬路肩、土路肩)等部分组成,分离式路基的标准横断面由车道,路肩(右侧硬路肩、左侧硬路肩、土路肩)等部分组成(图 3-27)。二级公路路基的标准横断面由车道、路肩(右侧硬路肩、土路肩)等部分组成。三级公路、四级公路路基的标准横断面由车道、路肩等部分组成(图 3-28)。

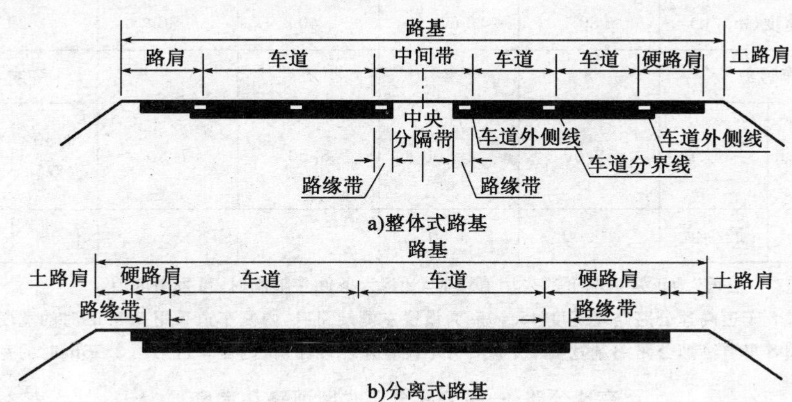

图 3-27　高速公路、一级公路路基标准横断面

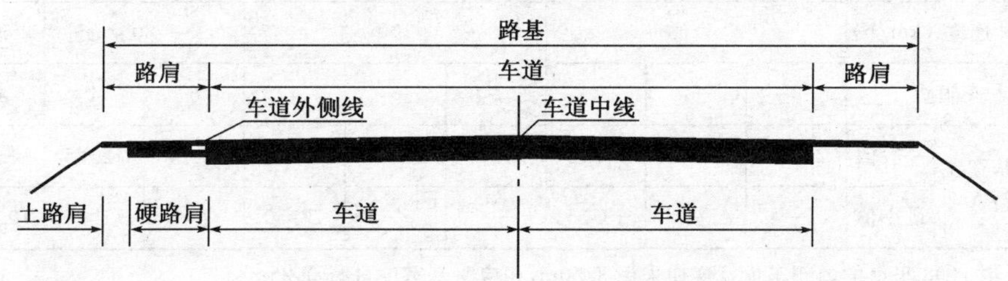

图 3-28　二、三、四级公路路基标准横断面

2)路基宽度

公路路基宽度为车道宽度与路肩宽度之和。当设有中间带、爬坡车道、加(减)速车道、错车车道时,还应计入这些部分的宽度。整体式路基宽度见表 3-4;分离式路基宽度见表 3-5。当地形条件及其他特殊情况限制时,可采用表中的"最小值"。

各级公路整体式断面路基宽度　　表 3-4

公路等级		高速公路、一级公路								
设计速度(km/h)		120			100			80		60
车道数		8	6	4	8	6	4	6	4	4
路基宽度(m)	一般值	45.00	34.50	28.00	44.50	33.50	26.00	32.00	24.50	23.00
	最小值	42.00	—	26.00	—	—	24.50	—	21.50	20.00

续上表

公路等级		二级公路、三级公路、四级公路					
设计速度(km/h)		80	60	40	30	20	
车道数		2	2	2	2	2 或 1	
路基宽度(m)	一般值	12.00	10.00	8.50	7.50	6.50(双)	4.50(单)
	最小值	10.00	8.50	—	—	—	

注:①“一般值”为正常情况下的采用值;“最小值”为条件受限制时,可采用的值。

②8 车道高速公路路基宽度 45.00m 为设置左侧硬路肩、内侧车道采用 3.50m 时的宽度。

③8 车道高速公路路基宽度 42.00m 为不设置左侧硬路肩、内侧车道采用 3.75m 时的宽度。

高速公路、一级公路分离式断面路基宽度 表 3-5

公路等级		高速公路、一级公路								
设计速度(km/h)		120			100			80		60
车道数		8	6	4	8	6	4	6	4	4
路基宽度(m)	一般值	22.00	17.00	13.75	21.75	16.75	13.00	16.00	12.25	11.25
	最小值	—	—	13.25	—	—	12.50	—	11.25	10.25

注:①8 车道的内侧车道宽度如采用 3.50m,相应路基宽度可减 0.25m。

②表中所列“一般值”为正常情况下的采用值;“最小值”为条件受限制时,可采用的值。

③确定路基宽度时,应将中央分隔带、路缘带、路肩等宽度的“一般值”、“最小值”同类项相加,不得任意抽换组合。

3)车道及其宽度

(1)行车道及其宽度

车道是指专为纵向排列、安全顺适地通行车辆为目的而设置的公路带状部分。公路各路段的车道数根据预测的设计交通量、设计速度、服务水平等因素综合确定。

车道宽度考虑路线的设计车速、服务水平、交通量和大型车辆的混入率等因素,由设计车辆的最大宽度及错车、超车时必需的安全宽度确定。

速度不同,需要的侧向净空和车道宽度均不同;行驶速度与最小侧向净空的关系见表 3-6,标准车道宽度与设计车速的关系见表 3-7,设计车速超过 80km/h 的公路车道宽度为 3.75m。8 车道高速公路的内侧车道也可采用

3.50m。设计速度为 20 km/h 且为单车道时，车道宽度可采用 3.50m。

行驶速度与动态净空的关系　　表 3-6

最大车速 v(km/h)	最小侧向净空(m)	最大车速 v(km/h)	最小侧向净空(m)
＞70	1.25	30～50	0.75
50～70	1.00	≤30	0.50

不同设计车速的车道宽度　　表 3-7

设计速度(km/h)	≥80	40～60	30	20
车道宽度(m)	3.75	3.50	3.25	3.00

(2)附加车道

附加车道是在特殊路段增设，目的是保持公路服务水平连续性或增进行驶交通安全性，包括辅助车道、转弯车道、加减速车道、爬坡车道、紧急停车带、避险车道和错车带等。

辅助车道用于干线道路控制出入、维护干线两侧交通安全运行以及为商业和住宅发展提供通路，具有多种功能。

转弯车道常在干线公路交叉口设置。

加、减速车道为高速公路、一级公路的互通式立交、服务区、停车区、公共汽车停靠站、管理与养护区等与主线相连接处设置。加减速车道不占用硬路肩宽度，如图 3-29 所示。

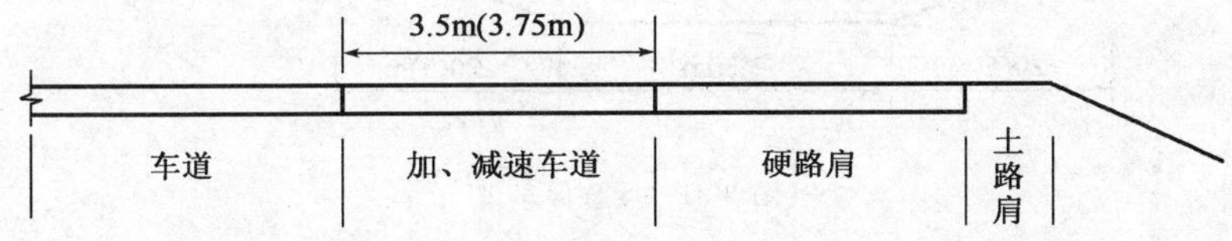

图 3-29　加减速车道横断面组成

爬坡车道为高速公路和一级、二级公路的连续上坡路段，当通行能力、运行安全等受到影响时，设置爬坡车道供大型车辆行驶。

错车道是四级公路路基宽度采用 4.5m 时设置，并使驾驶人能看到相邻两错车道之间的车辆。

在长陡下坡的高速公路路段，为使刹车失灵等失控车辆(特别是载重汽车)驶离主车道，并安全地减速至停止，减轻或避免人员伤亡和财产损失而设置避险车道。利用汽车上坡时的重力或轮胎与路面产生的滚动阻力来降低车速，直至使失控车辆安全停止。避险车道类型如图 3-30 所示，主要有四种坡度和材料组合类型。即：上坡砂坑型、平坡砂坑型、下坡砂坑型及砂堆型。

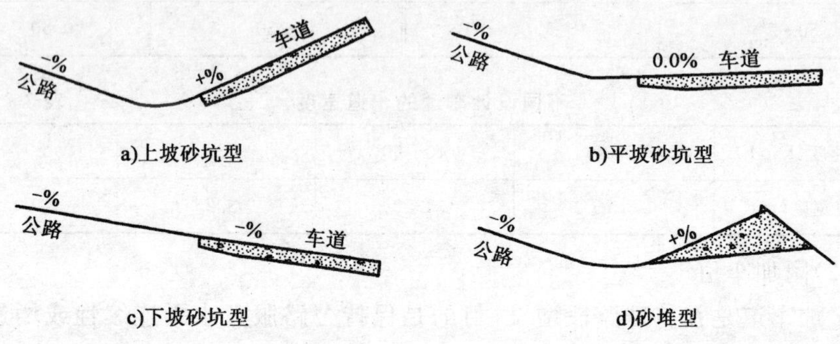

图 3-30 避险车道基本类型

当高速公路右侧硬路肩宽度小于 2.50m 时，无法形成贯通的紧急停车道，为保证行车的安全，常设与车道平行的、具有一定长度的港湾式紧急停车带以供临时停车使用，如图 3-31 所示。

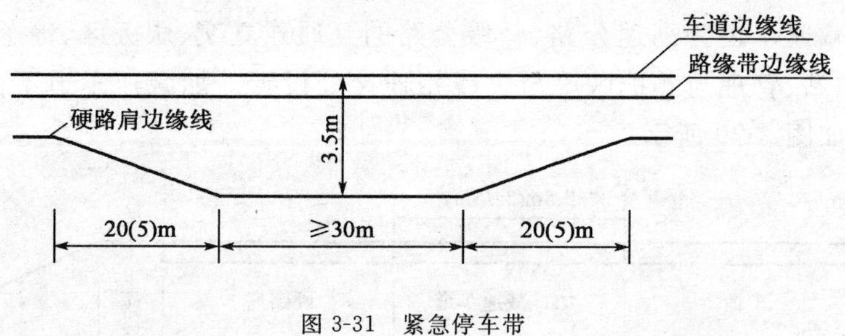

图 3-31 紧急停车带

4）硬路肩、土路肩

（1）硬路肩

高速公路和一级、二级公路常在行车道的右侧设置硬路肩，硬路肩的主要作用如下：①为机械故障或紧急情况的车辆提供在车道外停车空间；②为避免事故隐患或减轻事故严重性而提供空间；③为驾驶人提供开阔视觉，轻松行驶，避免紧张；④改善挖方路段视距，提高交通安全；⑤提高公路通行能力，促使车速更趋平稳；⑥为路面提供结构上的支撑；⑦最大限度地减少行车道雨水的渗透，减少路面的损坏。

对于二级公路，硬路肩还具有以下功能：①为驾驶人临时停车提供空间；②为道路养护（如除雪、备料等）提供空间；③为行人和自行车提供空间（可能时）；④可用于设置公共汽车停靠站（需要时）；⑤改善车辆的横向排列，为车辆的临时占用提供空间。

硬路肩实现不同功能所需要的最小宽度见表3-8，硬路肩宽度应根据各种功能综合确定。

硬路肩功能与最小宽度　　表3-8

硬路肩功能		最小宽度(m)
路面侧向支撑		0.5
控制速度		1.0
紧急停车	小汽车	2.5
	货车	3.0

设计速度为120km/h的4车道高速公路，右侧硬路肩宜采用3.50m；6车道、8车道高速公路，宜采用3.00m；高速公路、一级公路应在右侧硬路肩宽度内设右侧路缘带，其宽度为0.50m。

(2)土路肩

土路肩的主要作用如下：①提供临时停车的位置；②为除雪、备料等养护操作提供场所；③为路面提供结构支撑；④为设置标志和护栏提供横向净距；⑤在满足公路建筑限界的前提下改善视距。

5)中间带

高速公路和一级公路需设置中间带，中间带由左右两侧路缘带和中央分隔带组成。中间带的主要功能如下：①分离不同方向的交通流，减少车辆的迎面冲撞，引导驾驶人视线；②防止无序的交叉运行和转弯运行；③提供绿化带或为防眩设施、预埋构件提供设置场所；④为超高路段设置路面排水设施提供场所，并为养护人员提供避车带。中央分隔带分为凹式、凸式及路面齐平式三种形式。

3.3.4 常见空间线形组合的特点

通过分解立体线形要素，可得出平、纵线形有以下六种组合形式，各自特点见表3-9。

常见空间线形组合的特点

表 3-9

序号	平面要素	纵面要素	立体线形要素	从视觉、心理分析优点、缺点	类别
(1)	直线	直线	构成具有恒等坡度的直线	往往线形单调、枯燥，行车过程中视景缺乏变化，容易使驾驶人产生疲劳和频繁超车。设计时应采用画车道线、设标志、绿化，并与路侧设施配合等方法来调节单调的视觉，增进视线诱导	在垂直平面内的线形类
(2)	直线	凹形竖曲线	构成凹下去的直线	具有较好的视距条件，能给驾驶人以动的视觉效果，行车条件较好。设计时要注意避免采用较短的凹形竖曲线，尤其在两个凹形竖曲线间注意不要插入短的直坡段；在长直线末端不宜插入小半径的凹形竖曲线	
(3)	直线	凸形竖曲线	构成凸起的直线	视距条件差，线形单调，应注意避免，无法避免时应采用较大的竖曲线半径；若与(2)型组合时，应注意克服“驼峰”、“暗凹”和“波浪形”等不良视觉现象出现	
(4)	曲线	直线	构成具有恒等坡度的平曲线	一般说来只要平曲线半径选择适当，纵坡不太陡，即可获得较好的视觉和心理感受；设计时须注意检查合成坡度是否超限	立体曲线
(5)	曲线	凹形竖曲线	构成凹下去的平曲线	是一种常见的又比较复杂的组合形式。如果平、纵面线形几何要素的大小适宜，位置适当，均衡协调，可以获得视觉舒顺、视线诱导良好的立体线形。相反，则会出现一些不良的后果，设计时应引起特别重视	
(6)	曲线	凸形竖曲线	构成凸起的平曲线		

3.4　公路交叉形式

3.4.1　平面交叉类型

根据相交公路的条件和不同的交通管制方式，平面交叉可划分为以下多种形式：

(1)按相交公路的条数，平面交叉可分为三路交叉、四路交叉和多路交叉(图 3-32)。

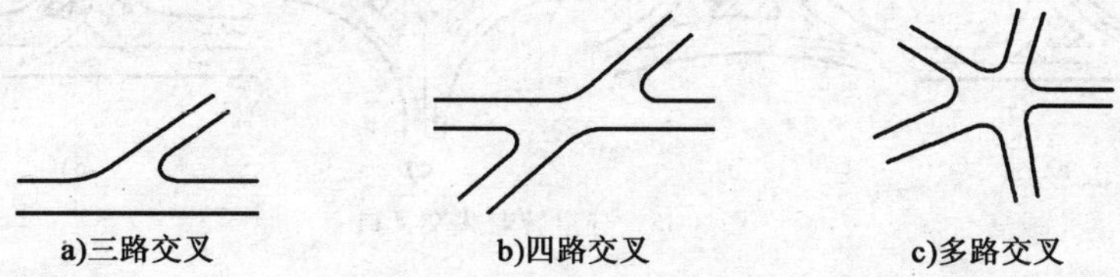

图 3-32　按岔路数分类的交叉口

(2)按几何图形平面交叉可分为 T 形、Y 形、十字形、X 形交叉和错位交叉等(图 3-33)。

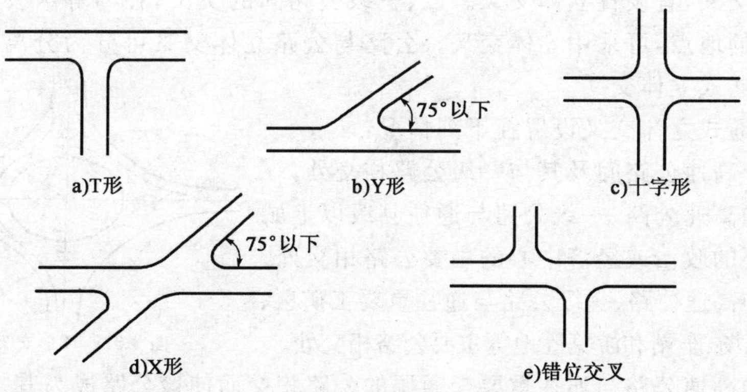

图 3-33　按几何图形分类的交叉口

(3)按渠化交通的程度可分为加铺转角式、扩宽路口式、分道转弯式和环形交叉(图 3-34～图 3-37)。

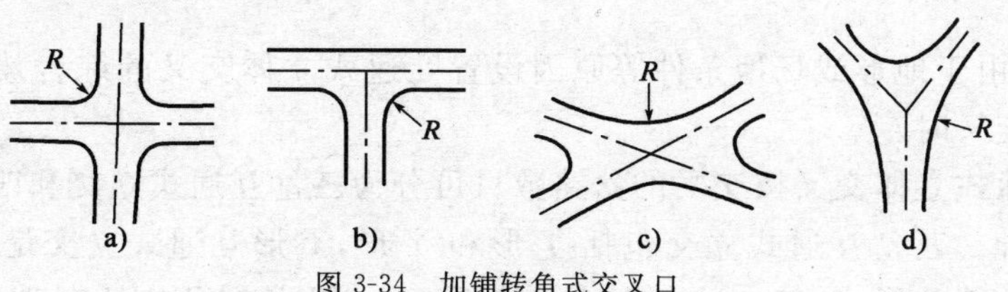

图 3-34　加铺转角式交叉口

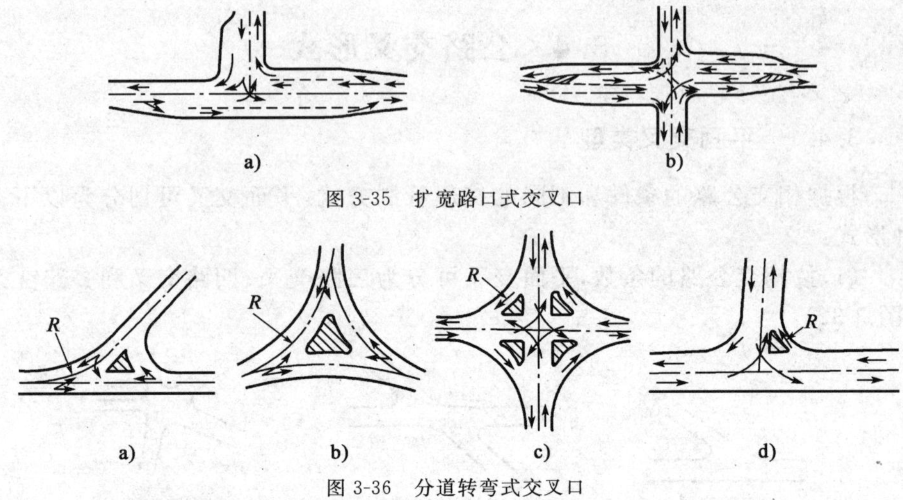

图 3-35 扩宽路口式交叉口

图 3-36 分道转弯式交叉口

3.4.2 互通式立体交叉

高速公路与其他公路相交，需设置立体交叉。一级公路与交通量大的其他公路交叉，宜设置立体交叉。二、三级公路间的交叉，在与等级公路交叉或有条件的地点，可采用立体交叉。公路与公路立体交叉可分为分离式立体交叉和互通式立体交叉。

互通式立体交叉设置在下列情况：

(1)高速公路间及其与一级公路相交处。

(2)高速公路、一级公路与通往县级以上城市、重要的政治或经济中心的主要公路相交处。

(3)高速公路、一级公路与通往重要工矿区、港口、机场、车站和游览胜地等主要公路相交处。

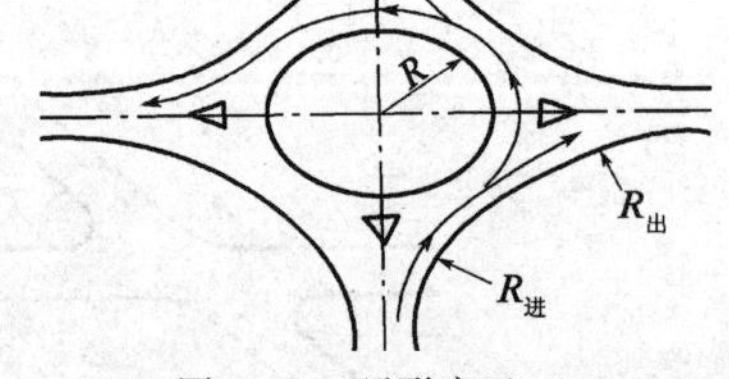

图 3-37 环形交叉口

(4)高速公路与通往重要交通源的公路相交而使该公路成为其支线时。

(5)两条具有干线功能的一级公路相交时。

(6)一级公路上，当平面交叉的通行能力不能满足需要或出现频繁的交通事故时。

(7)由于地形或场地条件等原因设置互通式立体交叉的综合效益大于设置平面交叉时。

互通式立体交叉按交叉的岔路数目可分为三岔互通式立交和四岔互通式立交两种。三岔互通式立交包括 T 形和 Y 形，T 形互通式立交是 Y 形互通式立交的特殊形式，其交叉角等于或接近 90°。T 形交叉包括喇叭形、半直连式 T 形。Y 形交叉包括全部直连式匝道的 Y 形和有半直连式匝道的 Y 形。四岔互通式立交主要是十字形交叉，包括菱形、苜蓿叶形、部分苜蓿叶形、喇叭形、环形、直连式和半直连式。

喇叭形互通式立交按主要公路的左转弯出口在跨线构造物之前和之后可分为 A 型和 B 型两种，如图 3-38a)和图 3-38b)所示。左转弯交通量：A 型＜B 型。

a)A型　　b)B型　　c)双喇叭

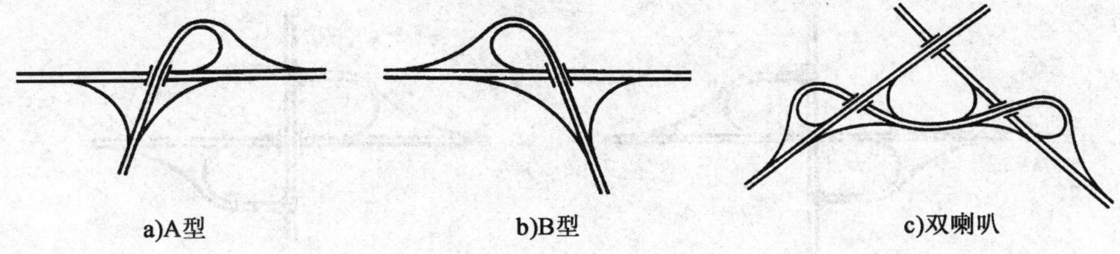

图 3-38　喇叭形互通式立交

半直连式 T 形互通式立交适用于出入交通量相对较少或左转弯速度较低的枢纽互通式立体交叉(图 3-39)。

a)三处跨线桥　　b)两处跨线桥

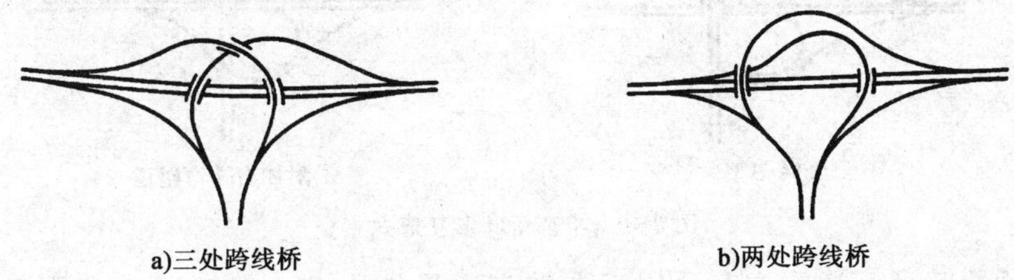

图 3-39　半直连式 T 形互通式立交

Y 形互通式立交适用于左转弯速度高，且交通量大的枢纽互通式立体交叉(图 3-40)。从交通运行角度考虑，图 3-40b)的布置优于图 3-40a)。

菱形互通式立交形式简单且运行路程短捷，适合于出入交通量较小的一般互通式立体交叉(图 3-41)，在城、乡地区均可采用，且特别适用于干线公路和次要公路的交叉。

a)左转匝道全为直连式的　　b)左转匝道兼有直连式和半直连式的

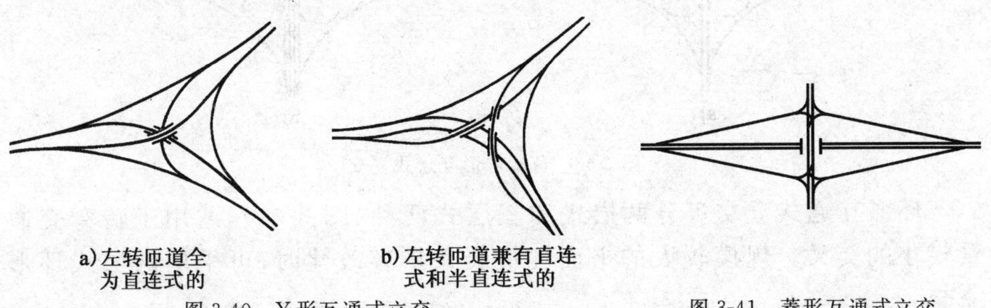

图 3-40　Y 形互通式立交

图 3-41　菱形互通式立交

半苜蓿叶形互通式立交按匝道布置方式可分为主要公路的出口在跨线构造物之前的 A 型[图 3-42a)]和出口在跨线构造物之后的 B 型[5-42b)],以及以主要公路为对称轴布置匝道的 A-B 型[图 3-42c)]。它们适用于出入交通量较小的一般互通式立体交叉。在不设环形匝道的象限内增加右转弯匝道[图 3-42d)],适用于不设收费站的一般互通式立体交叉。

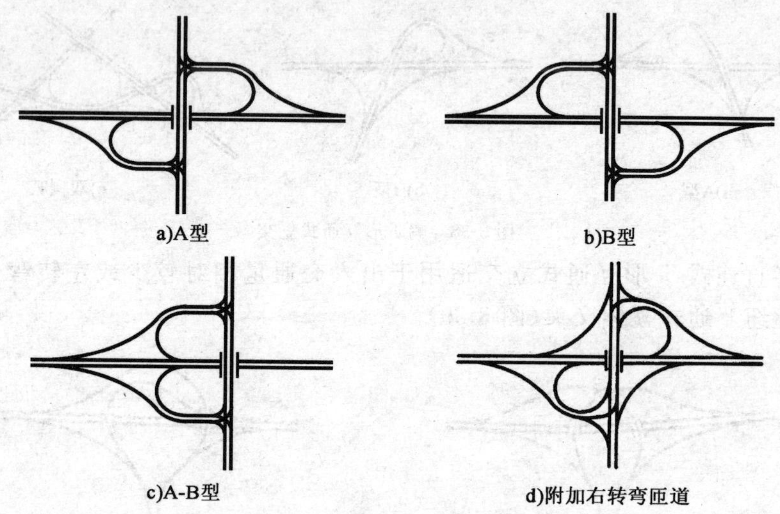

图 3-42　半苜蓿叶形互通式立交

苜蓿叶形互通式立交适用于左转交通量较小的一般互通式立体交叉[3-43a)]。在苜蓿叶形互通式立交中的直行车道旁应增辟集散道[图 3-43b)],可避免转弯车流的交织对直行车流的干扰。

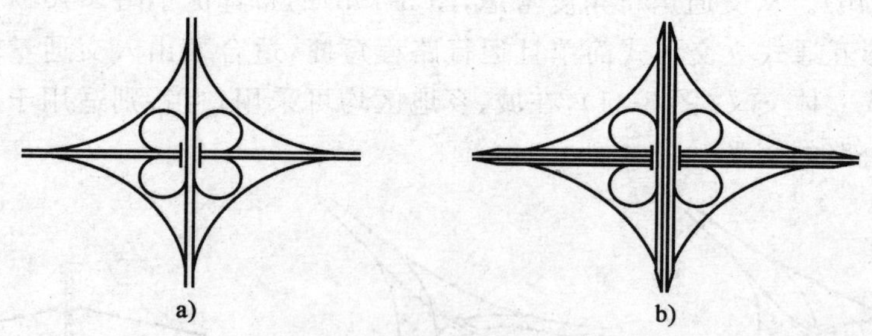

图 3-43　苜蓿叶形互通式立交

环形互通式立交可分两层式和三层式两种(图 3-44),适用于转弯交通量较小的交叉。规模较大的平面环形交叉扩容改建时,可采用两层式环形立交。

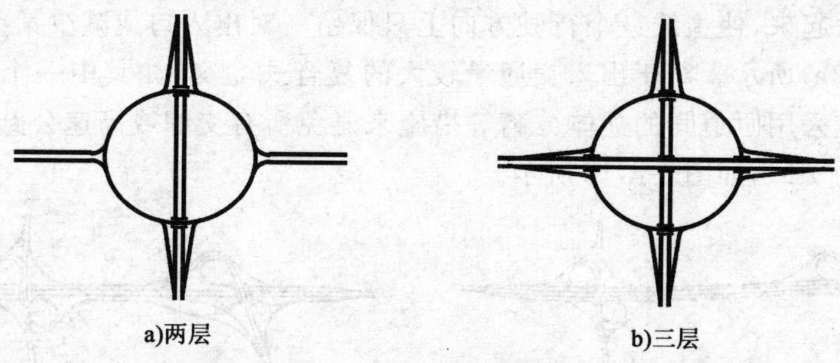

图 3-44　环形互通式立交

“定向型匝道”，即从行车道左侧驶离，直接左转后从行车道左方驶入的匝道，或从右方驶离，直接右转弯后从行车道右侧驶入的匝道，称为“直连式匝道”；“半定向型匝道”，即左转车辆从行车道右方驶离，稍作右转后再左转而从行车道右方驶入的匝道，称为“半直连式匝道”。左转弯匝道均为直连式或半直连式匝道的互通式立体交叉，称为“直连式立交”。直连式互通立交适合于各左转弯交通量均大的枢纽互通式立体交叉。其左转弯全部采用半直连式或同时有直连式匝道[图 3-45a)]。涡轮形互通式立交[图 3-45b)和图 3-45c)]是直连式互通立交中左转弯匝道平面指标较低的一种，适用于转弯速度较低的枢纽互通式立体交叉。

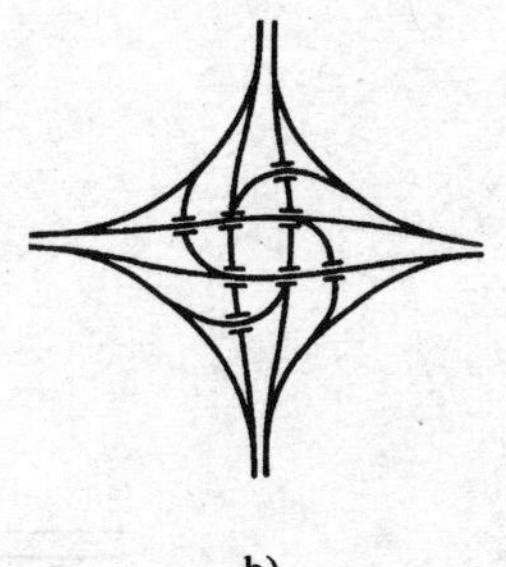

图 3-45　直连式互通立交

混合式互通立交适用于一个或两个左转弯交通量较小的枢纽互通式立体交叉。左转弯匝道既有环形匝道，又有半直连式匝道(图 3-46)。其环形匝道不超过两条，且应布置在对角象限中。

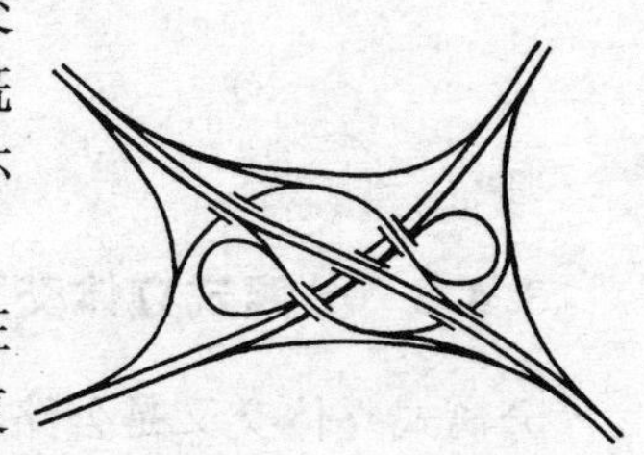

图 3-46　混合式互通立交

当两处互通式立体交叉相距很近而不能保证应有的立交间距时，可将其复合成一个立交，在复合式立交的直行车道旁设置分隔的集散道，将出入口串联起来，使主线一个行驶方向上只保留一对出入口或减少某些出入口，如图 3-47a)所示。对于出入交通量较大的复合式立交(如其中一个为枢纽立交时)，应采用匝道间的立体分离等措施来避免所有交织或高速公路间的主流匝道上的交织，如图 3-47b)所示。

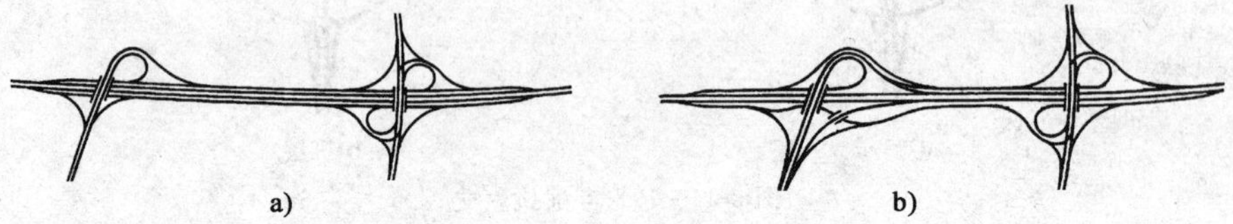

图 3-47　复合式互通立交

收费互通式立交的常用形式有单喇叭形、双喇叭形和部分苜蓿叶形，喇叭形互通式立交适用于 T 形交叉或收费公路的十字交叉[图 3-48b)]，双喇叭形互通式立体交叉适用于匝道上设有收费站的一般互通式立交以及枢纽互通式立交[图 10-48a)]，部分苜蓿叶形互通式立交适用于收费公路的十字交叉[图 3-48c)、图 3-48d)]。每座互通式立交上的收费站一般不宜超过两个。

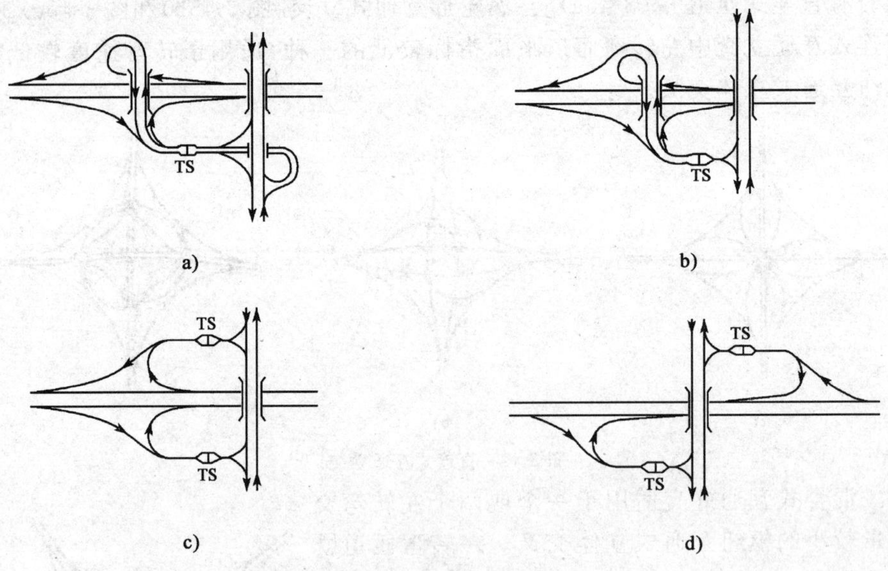

图 3-48　收费互通式立交

3.4.3　分离式立体交叉与跨线桥

分离式立体交叉是公路与公路立体交叉的一种形式，其设置应根据公路网规划、相交公路的功能、等级、交通量、地形和地质条件、经济与环境因素等综合确定。

高速公路与其他各级公路交叉，除因交通转换而设置互通式立体交叉外，均必须设置分离式立体交叉；具有干线功能的一级公路与其他各级公路的交叉，除因交通转换需要而设互通式立体交叉外，应采用分离式立体交叉；二、三、四级公路相互交叉，直行交通量很大或地形条件适宜，且不考虑交通转换时，可设置分离式立体交叉。

高速公路跨线桥常用的结构形式有：四孔连续桥、三孔连续桥、双孔桥、斜腿刚构桥、拱桥等，见表 3-10。

高速公路跨线桥常用的结构形式　　表 3-10

结构形式	特　点	图　式
四孔连续桥	适用于路基填土高度较小的平原地区。视野开阔，桥梁透空度大，多采用预应力混凝土空心板连续梁或连续箱梁断面	
三孔连续桥	适用于路基填土高度较小的平原地区。不设中墩，中孔跨径大，边孔的跨径也相应增大，视野更加开阔，桥梁透空度增强。常采用预应力混凝土空心板连续梁、等截面连续箱梁或变截面连续箱梁等断面形式。当跨径在 35m 以上，采用变截面曲线梁时，桥梁结构显得轻巧、流畅、美观、大方	
双孔连续梁桥	适用于地质承载力较好的路基挖方段或填方段。多采用空心板梁或箱梁断面	

续上表

结构形式	特点	图式
斜腿刚构桥	适用于地质条件较好的路基挖方段。造型美观，中间不设墩柱，一孔跨越，视野开阔、减轻了上部结构自重，转移了跨中的正弯矩，使桥梁整体结构的受力更合理	
拱桥	适用于地质条件比较好的路基深挖方段。形式多种多样，根据结构的建筑材料和受力特征分为石拱桥、钢筋混凝土拱桥、钢管拱拱桥、系杆拱拱桥等；根据行车道板的位置可分为上承式拱桥、中承式拱桥和下承式拱桥等	 
斜拉桥或悬索桥等	在条件许可时可用	

第4章　公路建筑光学及色彩基本原理

在公路设计中光学及色彩很容易被忽视，但又相当重要。公路建筑光学常常应用于中间带的防眩、公路照明、光线的过渡，此外逆反射技术应用于交通标志、标线工程，其效果及应用价值突显了建筑光学在公路中的重要性。随着科技的发展和生活水平的提高，公路色彩也呈现了多元化趋势，不仅局限于公路景观绿化的色彩变化，其建筑外部与内部色彩也呈现多样化的趋势，近些年来彩色路面、彩色桥面铺装和桥梁、隧道装饰也越来越得到重视。

本章主要介绍公路建筑光学及色彩基本原理，以供道路设计时参考应用。

4.1　公路建筑光学基本原理

4.1.1　眼睛的构造与视觉的光学特征

1)眼睛构造

眼睛大体是一个直径25mm的球状体，如图4-1所示。它有一层外保护层，位于眼球前方的部分是透明的角膜。角膜的背后是虹膜，虹膜是一个不透明的“光圈”。虹膜中央的圆形洞是瞳孔，光线经过瞳孔进入眼睛。瞳孔的大小可通过虹膜收缩调整，视野的亮度增高，瞳孔变小；亮度减小，瞳孔放大。瞳孔直径的变化范围为2～8 mm。虹膜后面的水晶体具有调焦成像作用，能自动改变焦距，保证在远眺或近视时都能在视网膜上形成清晰的像，这个过程称为调视。眼球内壁约2/3的面积为视网膜。在视网膜与水晶体之间充满了透明的玻璃体，使两者之间保持一定的间隔。

视网膜是眼睛的感光部分，其上布满感光细胞，分别是锥状细胞(600万～700万个)和杆状细胞(约有1.1亿～1.3亿个)。锥状细胞密集地分布在视网膜中心区与视轴焦点的中央凹(直径约为1.5 mm)附近。杆状细胞在视轴近旁极少，广泛地分布在以外的部分。锥状细胞于光不太敏感，在明亮的环境下起作用，有辨认细节和分辨颜色的能力，能对环境明暗变化做出迅速的反应，以适应新的环境。杆状细胞对光非常敏感，在较暗的环境下起作用，但不能分辨细节和颜色，对明暗变化反应缓慢。

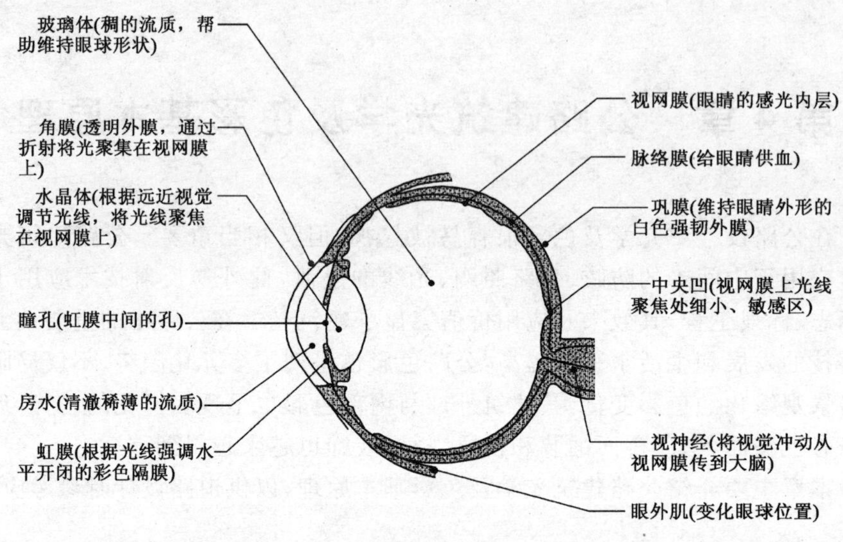

图 4-1　眼睛构造示意

2)视觉形成的生理过程

人的眼睛能够接受光源直接发出的光或被物体反射的光。光射入人眼后产生的视觉,有以下几种：

(1)光觉——能够分辨明暗。

(2)色觉——能够分辨颜色。人眼对 380～780 nm 范围内的可见光能够产生不同的颜色感觉,根据波长的不同,可区分为红、橙、黄、绿、青、蓝、紫等颜色。这主要是由锥状细胞引起的。

(3)形觉——能够分辨物体的形状。

(4)动觉——能够分辨物体的远近、深浅等。

视觉形成的过程可分解为以下四个阶段：

(1)光源发出光辐射。

(2)外界景物在光照射下产生颜色、明暗和形体的差异,相当于产生二次光源。

(3)二次光源发出不同强度、颜色的光信号,进入人眼瞳孔内,借助眼球调视,在视网膜上成像。

(4)视网膜上接受的光刺激(即物像)变为脉冲信号,经视神经传给大脑,通过大脑的解释、分析、判断产生视觉。

视觉的形成既依赖于眼睛的生理机能和大脑积累的视觉经验,又和照明状态密切相关。

3)视觉的生理特征

由于感光细胞的分布及特点,使人眼的视觉活动具有以下特点。

(1)视野、中心视场、视觉清楚区域

把视点固定在正面时,眼睛所看到的空间范围称为视野。根据感光细胞在视网膜上的分布,以及眼眉、脸颊的影响,单眼时的视野范围,其水平视野以眼球为中心,在脸的内侧方向为 60°,在脸的外侧为 90°;垂直视野为 130°,上方为 60°,下方为 70°。双眼分别视物体叠加的视野范围为水平面 180°,垂直面 130°。双眼同时视物体的水平视野为 120°,垂直面 130°(图 4-2)。

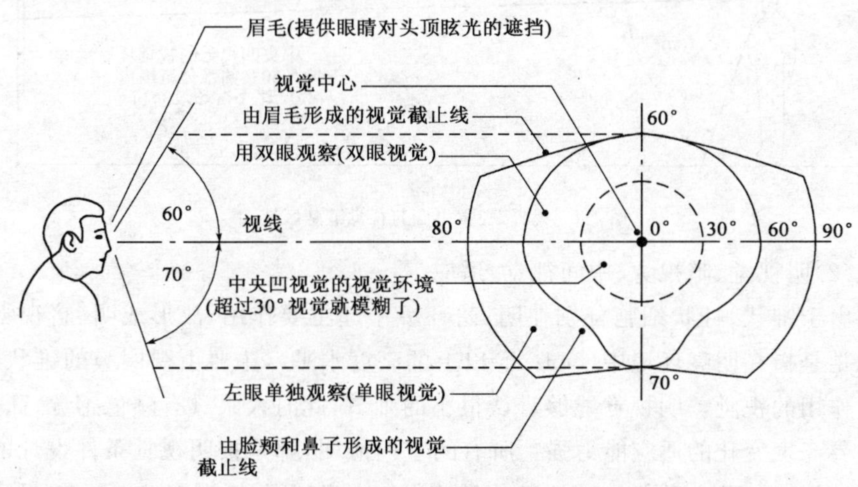

图 4-2　视野范围

一个人站立或坐立时,头和眼睛都处于静止放松状态,这时他的视觉中心位于视平线以下 10°～15°的地方。视野中物体的位置和亮度,将会对人的视觉产生主要影响(图 4-3)。

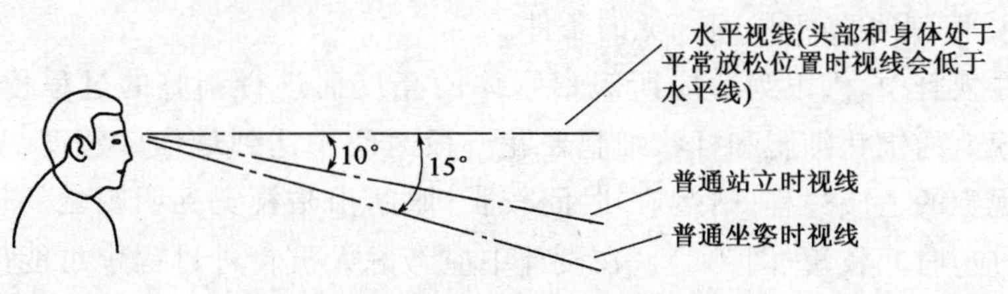

图 4-3　站立或坐姿放松状态视觉中心

中央凹密集了大量的锥状细胞,它们具有最高的视觉敏锐度,能分辨出微小的细部,所对应的角度约为 2°,称“中心视场”。这里几乎没有杆状细胞,所以黑暗环境中这部分几乎不产生视觉。观看物件总体时的有利位置是从中心视场往外直到 30°范围内(“视觉清楚区域”)。通常站在距离被观察物高度 2~1.5倍的位置,就能使其处于上述视觉清楚区域内(图 4-4)。

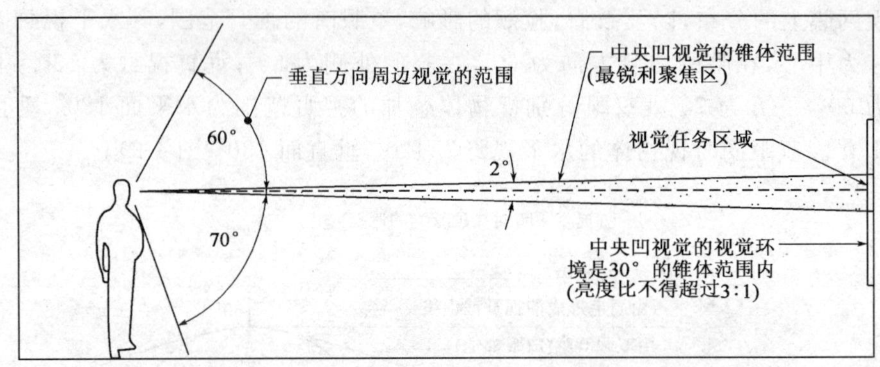

图 4-4 视野、视觉中心与视觉清楚区域

(2)明视觉、暗视觉、中间视觉、适应

由于锥状、杆状细胞分别在明、暗环境中起主要作用,故形成明、暗视觉。明视觉是指在明亮环境中(3cd/m² 以上的亮度水平),主要由视网膜的锥状细胞起作用的视觉。明视觉能够辨认很小的细节,此时人眼具有颜色感觉,而且对外界亮度变化的适应能力强。所有的室内照明,都是按明视觉条件设计的。暗视觉是指在黑暗环境中(在眼睛能够感光的亮度域限,约为 10^{-6}~0.03 cd/m² 的亮度水平),主要由视网膜的杆状细胞起作用的视觉。暗视觉只有明暗感觉而无颜色感觉,也无法分辨物件的细节,对外部变化的适应能力低。

当亮度水平处在 0.03~3cd/m² 之间时,眼睛处于明视觉和暗视觉的中间状态,锥状细胞和杆状细胞同时发生作用,称为中间视觉。一般道路照明的亮度水平,就相当于中间视觉的条件。

在视野中,人眼为适应所观察物体的亮度而进行调整的过程称为适应。视网膜上的锥状细胞和杆状细胞要花一段时间来达到最佳敏感度,从明视觉到暗视觉的适应过程(暗适应)时间较长;眼睛由暗视觉到明视觉的适应过程(明适应)时间较短(图 4-5)。在设计中应考虑人员行进过程中可能出现的视适应问题。若出现环境亮度变化过大的情况,应考虑设置必要的过渡空间,使人眼有足够的视适应时间。在需要人眼变动注视方向的工作场所中，视线所及的各部分亮度差别不宜过大，这样可减少视疲劳，这对公路隧道照明设计具有指导意义，但往往被忽视。

4.1.2　光的基本度量单位

1)光的基本度量单位

光的基本度量单位主要包括光通量、发光强度、照度和亮度(图 4-6)。

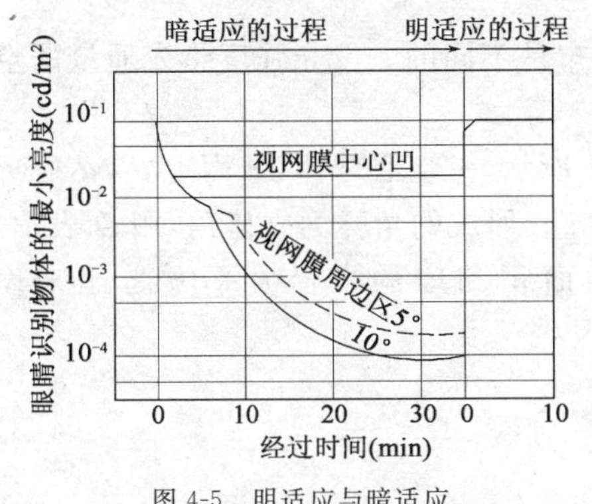

图 4-5　明适应与暗适应

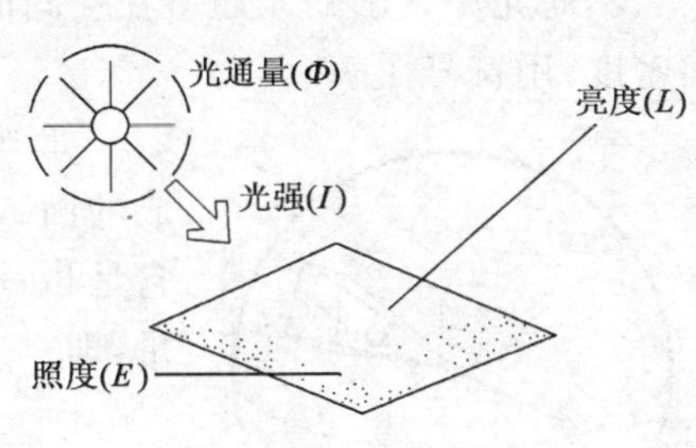

图 4-6　光的基本度量单位

(1)光通量

光源向周围辐射电磁波，其表面上微小面积 dA 在单位时间内向所有方向辐射的能量，称为该微小面积的辐射通量，单位为 W。光的辐射通量只表示光源微小面积的辐射功率大小，却没有反映这些能量所引起的主观视觉。

人眼对不同波长的电磁波具有不同的灵敏度。因此，不能直接用光源的辐射功率或辐射通量来衡量光能，必须采用以人眼对光的感觉量为基准的基本量——光通量来衡量。光通量常用符号 Φ 来表示，单位为光瓦。在实际运用中，光瓦单位太太，如普通 40W 白炽灯发出的光通量仅 0.5 光瓦，故常用另一较小单位——流明(符号为 lm)。1 光瓦等于辐射通量为 1W、波长为 555nm 的黄绿光所产生的光感觉量。100W 普通白炽灯发出 1 250lm 的光通量，40W 日光色荧光灯发出 2 200lm 的光通量。

单色光光通量关系式为：

$$\Phi_{\lambda} = K_{m}\Phi_{e,\lambda}V(\lambda) \tag{4-1}$$

光源所发出的光由多种波长光组成,其光通量为各单色光的总和,即:

$$\Phi = \int \Phi_{\lambda} \mathrm{d}\lambda = K_{\mathrm{m}} \int \Phi_{\mathrm{e},\lambda} V(\lambda) \mathrm{d}\lambda \tag{4-2}$$

式中:Φ——光通量(lm);

$\Phi_{\mathrm{e},\lambda}$——波长为 λ 的单色辐射通量(W);

$V(\lambda)$——CIE 光谱光视效率;

K_{m}——最大光谱光视效能,在明视觉时为 683lm/W。

(2)发光强度

不同光源发出的光通量在空间的分布是不同的。发光强度指光通量的空间密度,用符号 I 表示。

如图 4-7 所示,一空心球体,球面上 $abcd$ 所形成的面 A 对球心形成的角称为立体角,用 Ω 表示。它是以 A 的面积和球的半径 r 平方之比来度量,即:

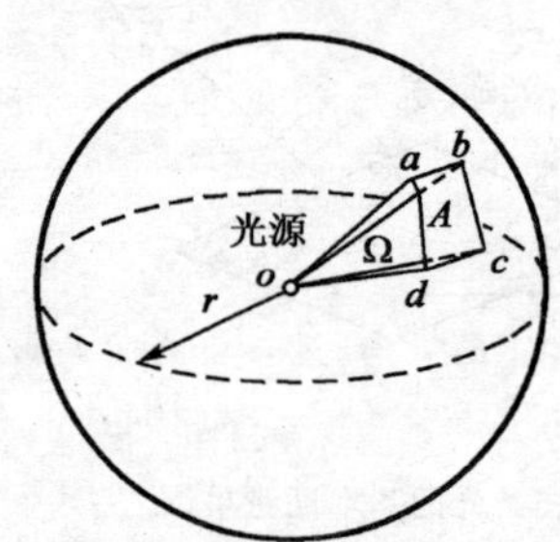

图 4-7 立体角示意

$$\Omega = \frac{A}{r^2} \tag{4-3}$$

立体角的国际标准单位是球面度(sr)。lsr 表示当 $A=r^2$ 时,它在球心所形成的立体角的大小。一个球面,对于球心所张的立体角为 4π;半个球面,对它的球心所张的立体角为 2π。

假设点光源在某方向上无限小的立体角 dΩ 内发出的光通量为 dΦ,则该方向上的发光强度为:

$$I_c = \frac{\mathrm{d}\Phi}{\mathrm{d}\Omega} \tag{4-4}$$

在这一方向上的发光强度平均值为:

$$I = \frac{\Phi}{\Omega} \tag{4-5}$$

发光强度的单位为坎德拉,用符号 cd 表示,它表示光源在 1 球面度立体角内均匀发出 1lm 的光通量,lcd=1(lm)/1(sr)。

40W 白炽灯泡正下方具有约 30 cd 的发光强度。若加上一个不透明的搪瓷伞形罩,向上的光通量除少量被吸收外,都被灯罩朝下面反射,因此,向下的光通量增加，而灯罩下方立体角未变，故光通量的空间密度加大，发光强度由 30 cd 增加到 73 cd。

(3)照度

照度，用符号 E 表示，它表示被照面上的光通量密度。设无限小的被照面积 dA 接受的光通量为 $d\Phi$，则该点处的照度 E 为：

$$E = \frac{d\Phi}{dA} \tag{4-6}$$

当光通量 Φ 均匀分布在被照表面 A 上时. 则此被照面的照度为：

$$E = \frac{\Phi}{A} \tag{4-7}$$

照度的常用单位为勒克斯，符号为 lx，它等于 1lm 的光通量均匀分布在 $1m^2$ 的被照面上。40W 白炽灯下 1 m 处的照度约为 30lx；加一搪瓷伞形罩后照度就增加到 73lx；阴天中午室外照度为 8 000～20 000lx；晴天中午在阳光下的室外照度可高达 80 000～120 000lx。

照度可以直接相加，如房间有 3 盏灯，对桌面上 A 点的照度分别为 E_1、E_2、E_3，则 A 点的照度 $E = E_1 + E_2 + E_3$。写成通用表达式，即：

$$E = \sum E_i \quad (i = 1,2,3\cdots) \tag{4-8}$$

(4)亮度

视觉感觉与视网膜上的物像的照度成正比，物体表面的照度并不能直接表明人眼对物体的视觉感觉。在房间内同一位置，放置黑色和白色的两个物体，虽然它们的照度相同，但在人眼中能引起不同的视觉感觉，看起来白色物体亮得多。

亮度定义为发光体在视线方向上单位投影面积发出的发光强度，其物理意义为光源或者反射表面所在区域所能表现的明亮程度。视网膜上物像的照度是和发光体在视线方向的投影面 $A\cos\alpha$ 成反比，与发光体在视线方向的发光强度 I_α，成正比(图 4-8)。这一概念即亮度，符号为 L_α，可以表示为 $L_\alpha = I_\alpha / A\cos\alpha$，角度 α，它表示与发光表面法线成 α 角方向上的亮度。亮度的常用单位为坎德拉每平方米(cd/m^2)，它等于 $1m^2$ 表面上，沿法线方向($\alpha=0$)发出 1cd 的发光强度。

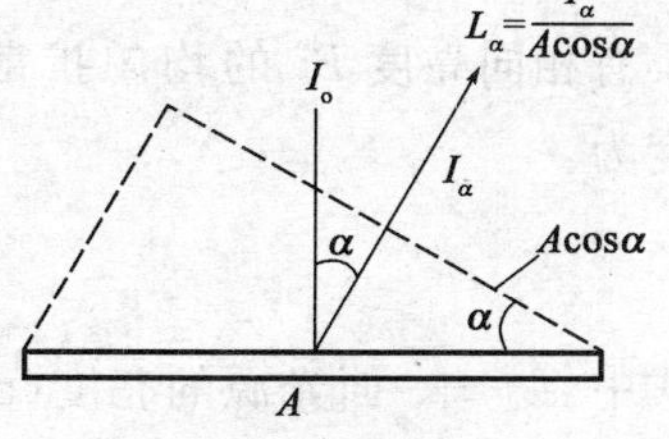

图 4-8　亮度

$$L_{\alpha} = \frac{I_{\alpha}}{A\cos\alpha} \tag{4-9}$$

亮度的较大单位熙提(符号为 sb,1sb=10^4 cd/m^2),以及阿熙提(符号为 asb,1 asb=l/π×10^4 cd/m^2)。白炽灯灯丝:300～500 sb。

人们主观所感受到的物体明亮程度,除了与物体表面亮度有关外,还与所处环境的明暗程度有关。同一亮度的表面,分别放在明亮和黑暗的环境中,会使人感到放在黑暗中的表面比放在明亮环境中的亮。为了区别这两种不同的亮度概念,常常前者称为"物理亮度(或称亮度)",后者称为"表观亮度(或称明亮度)"。

2)各物理量相互关系

(1)发光强度和照度的关系

被照面上的某点,由点光源直射光产生的照度,发光强度和照度的关系式为:

$$E = \frac{I_{\alpha}}{r^2}\cos\alpha \tag{4-10}$$

式中:E——被照面某点的照度(lx);

I_{α}——点光源的发光强度(cd);

r——被照面某点与光源的距离(m);

α——被照面的法线与光线的夹角。

(2)照度和亮度的关系

根据立体角投影定律,发光表面对工作面上测点的照度等于该发光表面的亮度与该发光表面在测点上形成的立体角在工作面上投影的乘积(图4-9)。具有相同亮度 L_{α} 的均匀扩散面光源 S(形状规则)在被照面 P 点产生的照度为:

$$E = L_{\alpha}\Omega\cos\theta \tag{4-11}$$

式中:L_{α}——面光源的亮度(cd/m^2);

Ω——发光表面在 P 点上形成的立体角,$\Omega = A\cos a/r^2$。其中,A 为面光源面积(m^2);r 为面光源中心与工作面测点的距离;α 为面光源中心法线与光源中心点、P 点连线的夹角;

θ——被照面法线与光源中心点、P 点连线的夹角;

$\Omega\cos\theta$——发光表面在 P 点上形成的立体角在工作面上的投影角；

E——被照面 P 点的照度(lx)。

4.1.3　光的反射与透射

在光的传播过程中，遇到介质(如玻璃、空气、墙等)时，入射光通量(Φ)中的一部分被反射(Φ_ρ)，一部分被吸收(Φ_α)，一部分透过介质进入另一侧空间(Φ_τ)(图 4-10)。

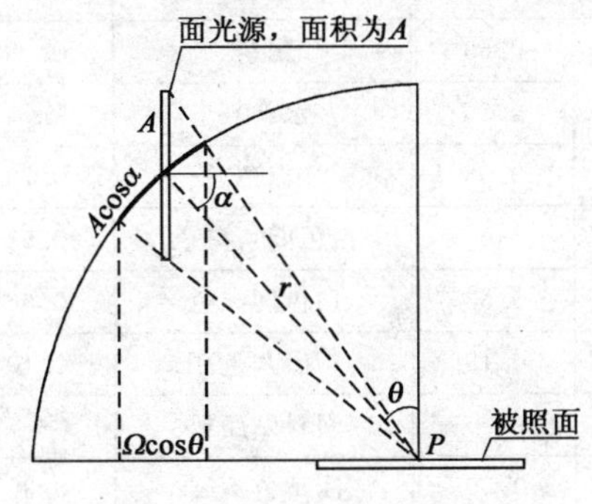

图 4-9　照度和亮度

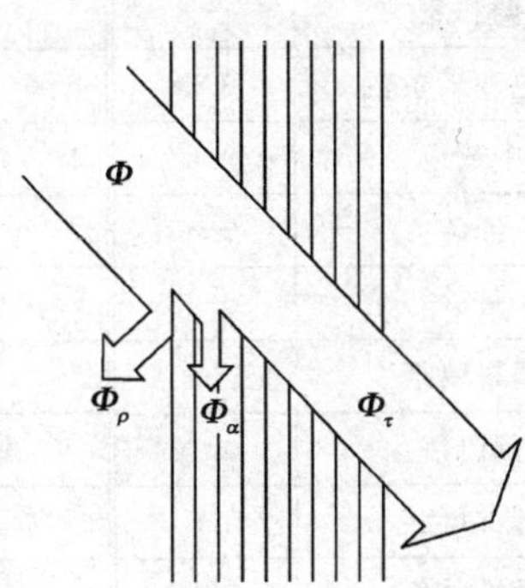

图 4-10　光的反射吸收与透射

根据能量守恒定律，这三部分之和应等于入射光通量，即：

$$\Phi = \Phi_\rho + \Phi_\alpha + \Phi_\tau \tag{4-12}$$

反射、吸收和透射光通量与入射光通量之比，分别称为光反射比(或称为反光系数)ρ；光吸收比(或称为吸收系数)α 和光透射比(或称为透光系数)τ，即

$$\left.\begin{aligned}\rho &= \Phi_\rho/\Phi\\ \alpha &= \Phi_\alpha/\Phi\\ \tau &= \Phi_\tau/\Phi\end{aligned}\right\} \tag{4-13}$$

由能量守恒定律可得出：

$$\rho + \alpha + \tau = 1 \tag{4-14}$$

表 4-1 列出了常用饰面建筑材料的反光系数，供参考使用。

常用饰面建筑材料的反光系数　表 4-1

材　料	ρ 值	材　料	ρ 值	材　料	ρ 值
石膏	0.91	混凝土地面	0.20	深咖啡色	0.20
大白粉刷	0.75	沥青地面	0.10	普通玻璃	0.08
水泥砂浆抹面	0.32	铸铁、钢板地面	0.15	大理石	—
白水泥	0.75	瓷釉面砖	—	白色	0.60
白色乳胶漆	0.84	白色	0.80	乳色间绿色	0.39
调和漆	—	黄绿色	0.62	红色	0.32
白色和米黄色	0.70	粉色	0.65	黑色	0.08
中黄色	0.57	天蓝色	0.55	水磨石	—
红砖	0.33	黑色	0.08	白色	0.70
灰砂	0.23	无釉陶土地砖	—	白色间灰黑色	0.52
塑料墙纸	—	土黄色	0.53	白色间绿色	0.66
黄白色	0.72	朱砂	0.19	黑灰色	0.10
蓝白色	0.61	马赛克地砖	—	塑料贴面板	—
浅粉白色	0.65	白色	0.59	浅黄色木纹	0.36
胶合板	0.58	浅蓝色	0.42	中黄色木纹	0.30
广漆地板	0.10	浅咖啡色	0.31	深棕色木纹	0.12
菱苦土地面	0.15	绿色	0.25		

1)反射

反射光有定向反射、定向扩散反射、均匀扩散反射,混合扩散反射等(图4-11)。反射光的强弱与分布形式取决于材料表面的性质。

(1)定向反射

定向反射也称为镜面反射,其特征是光线经过反射之后仍按一定的方向传播,立体角没有变化。定向反射遵循规律:一是入射光线、反射光线以及反射表面的法线同处于一个平面内;二是入射光线与反射光线分居法线两侧,入射角等于反射角;三是在反射方向能够清晰地看见光源的形象[图 4-11a)]。对驾驶人来说,远距离的路灯和对面驶来的汽车前照灯形成的光线,其在被雨水或冰覆盖的路面上形成的不是漫反射,而是镜面反射,光线会射到驾驶人的眼睛里。

在采光设计中,有时用镜面反射材料引导直射阳光进入室内。在照明工程中也常利用镜面反射进行精确的控光,如制造各种曲率的镜面反光罩获得

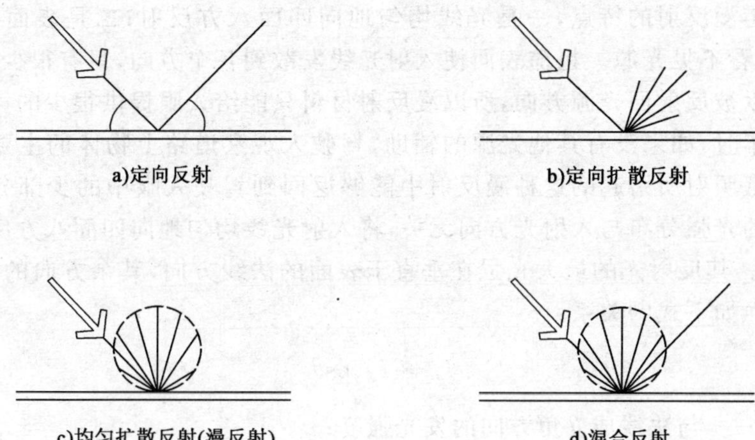

图 4-11　反射光的分布形式

需要的光强分布，提高灯具效率(图 4-12)。几乎所有的节能灯具都使用这类材料作反光罩，如阳极氧化或抛光的铝板、不锈钢板、镀铬铁板、镀银或镀铝的玻璃和塑料等。

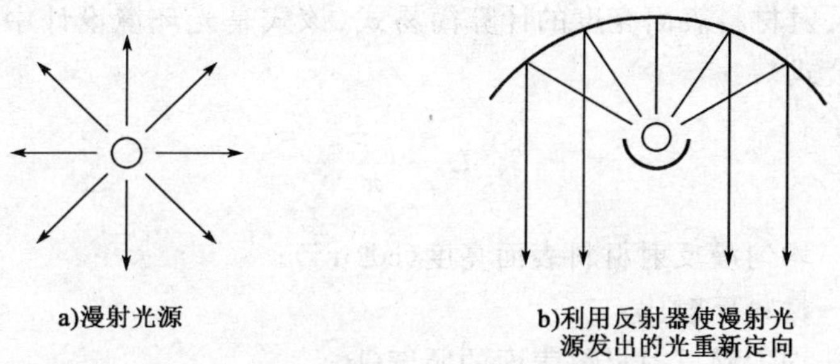

图 4-12　利用镜面反射光罩提高灯具效率

材料反射后光源的亮度和发光强度，因材料的吸收和反射而比光源原有亮度和发光强度有所降低。

(2)定向扩散反射

定向扩散反射光束容易被"扩散"到较宽的范围[图 4-11b)]，具有以下特点：一是入射光线不均匀地向某空间反射；二是在定向反射方向具有最大的发光强度；三是在反射方向能够模糊地看到光源的形象。经过冲砂、酸洗或锤点处理的毛糙金属表面，光滑的纸、油漆表面具有定向扩散反射的特性。

(3)均匀扩散反射(漫反射)

均匀漫反射的特点,一是光线均匀地向四面八方反射;二是表面亮度均匀;三是看不见光源。粗糙表面使入射光线发散到各个方向,只有很少一部分光线可以被反射回光源方向,所以漫反射材料只能给人眼提供很少的可视性。夜间行车时,如果没有其他光源的辅助,驾驶人观察道路上物体的主要途径,就是车灯照射所引起的这种漫反射中能够返回到驾驶人眼中的少部分光线。反射光的光强分布与入射光方向无关,将入射光线均匀地向四面八方反射[图 4-11c)]。其反射光的最大光强在垂直于表面的法线方向,其余方向的光强同最大光强如下式的关系:

$$I_\theta = I_{\mathrm{N}} \cos\theta \tag{4-15}$$

式中:I_θ——与法线成 θ 角方向的发光强度;

I_{N}——法线方向的发光强度。

把上式代入亮度定义公式得出:

$$L_\theta = \frac{I_\theta}{A\cos\theta} = \frac{I_N\cos\theta}{A\cos\theta} = \frac{I_{\mathrm{N}}}{A} \tag{4-16}$$

因此,均匀漫反射各个角度,其亮度完全相同,看不见光源形象,且可推导出均匀漫反射材料表面亮度的计算简易式(该式是光环境设计中常用的平均亮度计算公式):

$$L = \frac{\rho E}{\pi} \tag{4-17}$$

式中:L——均匀漫反射材料表面亮度($\mathrm{cd/m^2}$);

ρ——材料反射比;

E——均匀漫反射材料表面的照度(lx)。

工程中常用的大部分无光泽饰面材料都属于漫反射材料,如涂料、乳胶漆、石膏板、砖(石)墙等。这些材料不会造成眩光污染,高反射比的材料还可以提高室内的明亮程度。

(4)混合反射

大多数表面会呈现出上述三种反射特征的某种组合,这种反射称为混合反射[图 4-11d)]。

2)透射

材料的透光性能与它的分子结构、厚度有关,也与光的入射方向有关。例如，垂直入射到透明玻璃板上的光线约有 8%的反射比；加大入射角度，反射比也随之增大，最后会发生全反射。表 4-2 是常用采光材料的透光系数。

采光材料光透射比（扩散光条件下测定）　　　　表 4-2

材　料	颜色	厚度(mm)	τ 值	材　料	颜色	厚度(mm)	τ 值
普通玻璃	无	3～6	0.78～0.82	聚酯玻璃钢板	本色	3～4 层布	0.73～0.77
钢化玻璃	无	5～6	0.78	—	绿	3～4 层布	0.62～0.67
磨砂玻璃（花纹深密）	无	3～6	0.55～0.60	小波玻璃钢瓦	绿	—	0.38
压花玻璃　花纹深密	无	3	0.57	大波玻璃钢瓦	绿	—	0.48
压花玻璃　花纹浅稀	无	3	0.71	玻璃钢罩	本色	3～4 层布	0.72～0.74
夹丝玻璃	无	6	0.76	钢窗纱	绿	—	0.70
压花夹丝玻璃（花纹浅稀）	无	6	0.66	镀锌铁丝网孔（20mm×20mm）	—	—	0.89
夹层安全玻璃	无	3+3	0.78	茶色玻璃	茶色	3～6	0.08～0.50
双层隔热玻璃（空气层厚度 5mm）	无	3+5+3	0.64	中空玻璃	无	3+3	0.81
吸热玻璃	蓝	3～5	0.52～0.64	安全玻璃	无	3+3	0.84
乳白玻璃	乳白	3	0.60	镀膜玻璃	金色	5	0.10
有机玻璃	无	2～6	0.85		银色	5	0.14
乳白有机玻璃	乳白	3	0.20		宝石蓝	5	0.20
聚苯乙烯板	无	3	0.78		宝石绿	5	0.08
聚氯乙烯板	本色	2	0.60		茶色	5	0.14
聚碳酸酯板	无	3	0.74				

光透射可分为规则透射、定向扩散透射、均匀漫透射和混合透射四种（图 4-13）。

4.1.4　视度与眩光

1）视度及其影响因素

人们看物体的清楚程度称为视度，视度也称可见度或能见度。视度除了与人们的视力条件有关以外，主要与该物体的物理条件及其所处的物理环境有关。

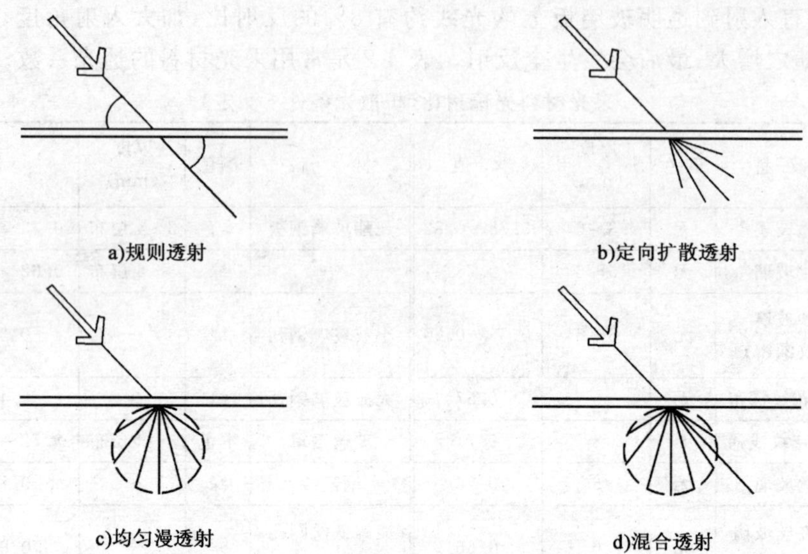

图 4-13 材料透射光的分布形式

在黑暗中，我们看不见任何东西，只有当物体发光（或反光），我们才会看到它。人能看见的最低亮度（称“最低亮度阈”），仅 0.1 cd/m^2。随着亮度的增大，我们看得愈清楚，即视度增大。若亮度过大，超出眼睛的适应范围，眼睛的灵敏度反而会下降，易引起视疲劳。如夏日在室外看书感到刺眼，不能长久地坚持下去。一般认为，当物体亮度超过 16 sb 时，视网膜可能受到损伤，人就感到刺眼，不能坚持工作。在办公室和工业生产操作场所等调查表明，在各种照度条件下，感到“满意”的人最大百分比出现在照度水平约 1 500～3 000lx 之间的情况下。

物件的尺寸、眼睛至物件的距离都影响人们观看物件的清晰程度，对大而近的物件看得清楚，反之则视度下降。

目标和背景之间在亮度或颜色上的差异，分别为亮度对比和颜色对比。颜色对比是由视野中目标和背景的色彩属性所产生的对比，可分为明度对比、彩度对比、色调对比。亮度对比是视野中目标和背景的亮度差与背景（或目标）亮度之比，符号为 C，即：

$$C = \frac{|L_o - L_b|}{L_b} \tag{4-18}$$

式中：L_o——目标亮度（cd/m^2）；

L_b——背景亮度（cd/m^2）。

人眼刚刚能够知觉的最小亮度对比，称为阈限对比（临界对比度）。当物体的大小和照度一定时，该物体的临界对比度是一定的，该物体实际对比度越大，则视度越大；反之，实际对比度越小则视度越小。一般情况下，舒适的对比度必须在一定范围内，为获得期望的亮度对比，必须仔细选择光源和室内表面反射比。

(1)2∶1 表示能被察觉的亮度差别。

(2)3∶1 表示明显不同的亮度差别。

(3)10∶1 表示强烈的亮度差别。

(4)40∶1 表示在视野范围内最显著的亮度差别。

(5)50∶1 表示强调突出对象，具压倒性的亮度差别。

不同颜色的光波，在能量相当的情况下眼睛感受的刺激程度不一样。比如，在同样能量、不同颜色的灯光照射下，感觉红色光比深蓝色的光亮。通常把白色、黄色、浅红等淡色称为亮色，翠绿、普蓝、黑色等重色称为暗色。

明视觉状态下，人眼主要是通过视网膜中央的锥状细胞产生视觉效果，其最大的视觉响应在光谱蓝绿区间中 555nm(黄绿光)处。随着亮度水平的下降，处于视网膜周边的杆状细胞逐步被激活、在暗视觉状态下，主要是杆状细胞产生视觉作用，其峰值视觉响应在光谱 507nm(蓝绿光)处。人眼对不同波长光的视觉效应常用光谱光视效率 $V(\lambda)$ 表示(图 4-14)。它表示获得相同视觉感觉时，波长 λ_m 和波长 λ 的单色辐射通量的比值。这种在不同光亮条件下人眼感受性不同的现象称为“普尔钦效应(Purkinje effect)”。

视度与观看时间和物体亮度有关。在一定条件下，亮度×时间＝常数(邦森—罗斯科定律)，即呈现时间越少，越需要更高的亮度才能引起视感觉，物体愈亮，察觉它的时间就愈短。所以，照明标准中规定，识别对象在活动面上，识别时间短促而辨认困难，则要求采用照度标准值范围内的高值。

2)眩光

当看物体时，视觉适应了某个亮度水平之后，如果在视野内增加亮度不同的视觉对象或者光源的话，眼睛就会感到不舒服，降低视觉功效和物体的可见度，甚至丧失视力，这种现象称为眩光。

根据眩光对视觉影响程度，可分为失能眩光和不舒适眩光。降低视觉功效和可见度的眩光称为失能眩光，出现失能眩光后，就会降低目标和背景之间的亮度对比，使视度下降，甚至丧失视力。引起不舒适感觉，但并不一定降低视觉功效或可见度的眩光称为不舒适眩光，不舒适眩光会影响人们的注意力，长时间就会增加视疲劳。

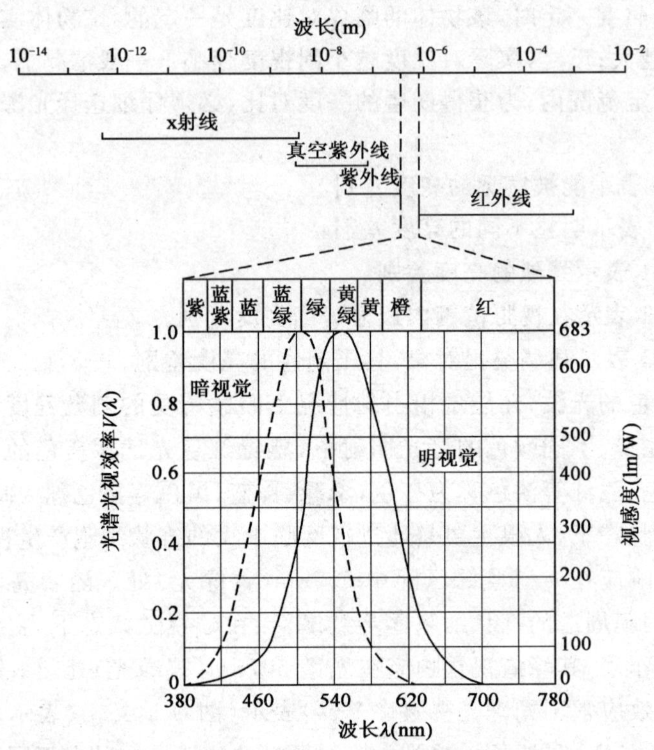

图 4-14 光谱光视效能曲线

眩光属于视觉污染,很多情况下会干扰我们对视觉信息的获取。由于刺目光源对眼球中角膜及视网膜间介质中所产生的散乱眩光现象,有连续与间歇之分。夜间行驶的汽车多半是间歇性的眩光。当受到对向车灯强烈直接照射时,不禁要闭目或是移开视线,这种现象称之为生理性眩光。另一种是由于路灯照明反射所产生的炫目,它只使驾驶人有不愉快的感觉,这种现象称之为心理性眩光。

4.2 公路建筑色彩及其心理效应

4.2.1 光的颜色

1)光源色

可见光包含不同波长的单色辐射。在明视觉时,不同波长的单色辐射在视觉上反映出不同的颜色。表 4-3 是各种颜色的波长和光谱的范围。在两个相邻颜色范围的过渡区，人眼还能看到各种中间颜色。

各种颜色的波长和光谱范围　　表 4-3

颜色感觉	中心波长(nm)	范围(nm)	颜色感觉	中心波长(nm)	范围(nm)
红	700	640～750	绿	510	480～550
橙	620	600～640	蓝	470	450～480
黄	580	550～600	紫	420	400～450

人眼能够感知和辨认的每一种颜色都能用特定波长的红、绿、蓝三种颜色匹配出来。但是，这三种颜色中都不能由其他两种颜色混合产生。在色度学中将红(700 nm)、绿(546.1 nm)、蓝(435.3 nm)统称为色光三原色。

光源色的混合是一种相加混合。光的混合具有以下规律：

(1)凡两种颜色按适当比例混合能产生白色，这两种颜色称为互补色，如黄和蓝、红和青、绿和品红等。

(2)非互补色的任何两种颜色混合，可以产生中间色。色相取决于两种颜色的相对比例，偏重于比重大的颜色。

(3)表现颜色相同的光，不管其光谱组成是否相同，在颜色相加混合中具有同样的效果。

(4)由几个颜色光组成的混合色的亮度，是各种颜色光亮度的总和。

2)物体色

物体色是物体对光源的光谱辐射有选择地反射或透射，从而使人眼产生的颜色感觉。例如，若某一表面用白光照射，它吸收白光中所包含的绿光和蓝光，反射红光，则这一表面就呈红色；若用蓝光照射同一表面，由于光源中没有红光成分，它将呈现黑色。反之，若用红光照射该表面，它将呈现出鲜艳的红色。由此可见，物体色决定于物体表面的光谱反射率和光源的光谱组成。

物体色的混合是一种相减混合，如深红色的颜料吸收白光中大量的蓝光和绿光，只反射红光，也就是它从入射光中减掉了蓝光和绿光。在减法混合中应用的三个减法原色，分别是加法三原色红、绿、蓝的补色，即青、品红和黄。青色吸收光谱中红色部分，透过或反射其他波长辐射，称为“减红”原色，用来控制红色；“减红”原色印在白纸上用白光照射时是蓝绿色，即青色；品红为“减绿”原色，用来控制绿色，印在白纸上为红紫色，称为品红；“减蓝”原色印在白纸上呈黄色，用来控制蓝色。

当两种颜料混合时，有重叠相减的效果，并且相减混合得到的颜色总要比原来的颜色暗一些。例如,品红和黄色颜料混合,因品红减绿、黄色减蓝而呈红色。将品红、黄、青三种减法原色混合在一起,则所有彩色全被减掉而呈现黑色。

3)色彩系统

(1)CIE 标准色度系统

CIE 标准色度系统把任一颜色都当作光源三原色的混合体来描述。三个坐标指定了为重新生成所描述颜色所需要的每一种原色的多少。

(2)孟塞尔表色系统

孟塞尔表色系统常常被建筑师和室内设计师们用来区分建筑表面的颜色。它指定一种颜色的三个参数色调 H(基本色彩)、彩度 V(色彩的鲜艳程度)以及明度 C(灰度)。

4.2.2 色彩的搭配

两种以上色的组合叫做配色。配色既要汲取自然界中的现成色调,随春、夏、秋、冬四季而变化(自然界的种种变化都是调和配色的实例,也是最佳范例),又要对人工配色实例理解、分析及记忆,从而形成自己的配色方法。公路景观设计和彩色路面设计中往往要进行配色。

配色若给人以愉快舒服的感觉,这叫调和,反之,配色给人以不舒服感,就叫不调和。彩度调和方法包括:同一调和(同色相的颜色,只有明度的变化)、类似调和、中间调和、弱对比调和、对比调和。

色相相邻时与单独见到时的感觉不同,这种现象叫色彩的对比。色彩的对比包括色相对比、明度对比、纯度对比、冷暖对比。色相中存在弱、中、强的对比。

明度不同的两色相邻时,明度高的看起来明亮,明度低的更显灰暗,这种对比使明度差异增大。纯度不同的两色相邻时会互相影响,纯度高的显得更艳丽,而纯度低的看起来更暗淡一些,被无彩色包围的有彩色,看起来纯度会更高些。

环境配色应注意以下方面:

(1)主从感

在配色时,要有主次,主色调占优势,起支配作用。和谐统一是人类追求色彩美的最高境界,自然界中的色彩是丰富多彩、杂乱无章的,作为设计师来讲将色彩进行有序地、合理地组织与安排,给人一种美的享受,使人感受愉悦舒畅;以一种色调为主要色彩,其他色对比点缀,形成既变化又纯一的色彩关系,达到较理想的配色效果。

(2)色彩的适应性

一般暖色产生温暖气氛,适合于交谈、聚集。冷色易产生凉爽感,适合学习、安静休息;中性色明快自然,适宜散步、休闲。

(3)色彩的深浅

配色要视周围环境而定,一般深色有下沉感,有拉伸空间的感觉,如在明度较低的大面积深沉色环境中,适当点缀明度较高的色彩,会有极强的视觉冲击力,可以起到活跃景观气氛的作用,但由于是强对比调节,亮色的出现既要注意节奏,也要注意与其他色彩的呼应,否则会不协调。浅色如木本色、白色能产生一种平静开阔的空间感。

(4)变色和变脏

变色是指有些材料如涂料及有些金属,长期处在日光下暴露会因日晒氧化产生颜色变化,因而在作色彩的选择时,要考虑到变色与褪色的因素,才能使景观长久。变脏,一种是由于空气氧化和长期使用造成的脏,可以采用易清洗的材料或耐脏材料处理;还有一种就是颜色使用不当,例如有些纯度低的颜色和混沌的颜色相配使用,使二者都互相排斥和抵消,使得颜色显得混浊不洁净。

(5)使用者的习惯

人类所面对的色彩都是相同的,但由于民族、地域不同,兴趣爱好等方面的差异,在色调的组织与配置上都有其不同的特点,因此色彩设计应结合不同国家、不同民族的风俗习惯。由于地域、文化背景不同,各地人们对色彩都有着自己的偏爱,因此,色彩设计还要体现区域文化及其审美情趣与追求。

公路建筑环境是立体的,由不同形状、不同特征、不同材质的物体构成,环境中的色彩设计和主色调不完全相同。只有根据环境空间的特性并结合材料对色彩进行提炼组合,才能创造美好的景观。

4.2.3　色彩的心理效应与情感

1)六个基本色相的心理效应

色彩富于表情,能让人产生强烈的心理感受。六个基本色相的心理效应是色彩感情表现的重要基础。

(1)红色

在可见光中,红光的波长较长,彩度高,视觉刺激强,因此红色使人感觉活跃、热烈。同时红色又易联想到血液和火焰,所以感到一种生命感,跳动感。红色明度适中,不像黄色那样明亮,所以感觉较有分量、饱满、充实。

由于这些特点，红色使人感觉富于朝气，使人感到热情、激昂，它很丰满，又使人感觉发达、向上。所以在我们传统观念中，往往与吉祥、好运(红运)、喜庆相连。红色便自然成为一种节日、庆祝活动中的常用色。红色又是鲜血的色彩，因为红色能见度较高，常用于危险信号，在某种情况下红色又使人感到恐怖、危险、残酷的血腥气味；红色统帅力、冲击力强，又有分量，所以使人联想到某种强烈的欲望，具有占有、统帅空间的特性。

(2)黄色

黄色明度、彩度都较高，因此是非常明亮和娇美的颜色。黄色往往与强光相连，有很强的光明感，同时使人感到明快和纯洁。幼嫩的植物往往呈现浅黄色，因而黄色又使人有新生、单纯、天真的联想。由于黄色明度高，所以与红相比，黄使人感到轻快、敏锐、单薄。又由于病弱与黄色有关，所以在某种搭配中感到贫乏无力，如黄色与带冷味的中或高明度灰和白相搭配，会使人感到空虚与贫乏。

除此之外，中明度偏暖的黄往往使人联想到黄金，所以黄色又使人感到高贵。且黄又与结束生长的衰败、枯萎和成熟相关联，也可以使人联想到成熟、落叶等。因此，黄色在不同的搭配中会使人产生各种不同的联想。

(3)橙色

橙色兼有红色与黄色的优点，明度也在红与黄之间，红色的热烈被黄的色相与明度所改变，而变得柔和，使人感到温暖又明快，因此，橙色是易于为人们所接受的颜色。一些成熟的果实往往呈现橙色，一些富于营养的食品(面包、各种糕点)也多呈现橙色，因此，橙色又易引起营养、香甜的联想。

(4)蓝色

蓝色是冷色的极端，它沉静、清澈，往往具有理智的特性。天空、大海是蓝色的，因而蓝色容易产生高远、清澈、空灵的感觉。由于它与红色的热情与骚动是对立的，客观存在静默清高，远离世俗，使人感觉清净超脱。蓝色的明度偏低，与一些重色相配合，常引起暗淡、低沉、郁闷和神秘的感觉。与某些冷色相配合又易产生陌生、空寂和孤独感。

(5)绿色

绿色既具有蓝色的沉静，又具有黄色的明朗，这两种感觉的融和形成绿色的稳静与柔和。因此也是易于被人们接受的颜色。绿色是大自然的色彩，因此它具有平衡人心境的作用。绿色又是农田树木的色彩，常让人感到生机盎然。绿与黄相配合，可以产生明快的感觉，但面积如果没有差别，也容易产生单调、单薄、贫乏及苦涩感。绿具中等明度，如把明度降到中低阶段，与重色相配合可以产生稳定、浑厚、高雅感，也容易产生郁闷、苦涩、低沉、消极及冷漠感。相反，若把绿色明度提高，可使人感觉到清爽、典雅。

(6)紫色

紫色的明度和彩度都低，明度是彩色中最低的。紫色在理想的对比中具有优美和高雅的气度。由于它含有红的颜色成分，又具有蓝色的某些特征，因此很有分量，有种雍容华贵的感觉，尤其与黑、金色对比，可以加强这种感觉，但需要适当提高它的明度并使它醒目突出。冷紫与黑搭配往往产生低沉、阴气、郁闷、烦恼和神秘的感觉。提高紫的明度可以产生婉媚、优雅的感觉，降低明度极易失去色彩性。

2)色彩的情感

人对色彩的反应基本上是由三种效应引起的：一种是联觉效应，即不同感官之间的相互作用；二是情感效应，表现在不同感官和情绪、情感的感受上；三是联想效应，属于心理性反应，主要来自人的社会经验。

(1)冷与暖

有些色相使人感觉温暖甚至灼热，有些色相感到凉爽甚至冰冷，而有些色相则处于中间状态。但中性色在与某些色相对比时，也可以产生不同的冷暖倾向，如紫与蓝对比，紫则显得暖，而紫与红对比则显得冷；绿与黄对比显得冷，而与蓝对比则显得暖。即使是暖色区的色彩，由于相互对比也会产生不同的冷暖感，如黄与橘黄对比，黄显得冷些；紫红与红对比则显得冷些；冷色区的某些色彩在对比之下也可以显得暖些，如蓝紫与蓝对比则显得暖，青绿与蓝对比，也显得暖些。黑、白、灰虽然并无彩度，但由于对比也会有微弱的冷暖感，黑与冷色对比显得暖，白与暖色对比显得冷些，灰也是这样。黑白对比，白显得冷。

(2)兴奋与沉着

兴奋与沉着由刺激的强弱引起，红、橙、黄色的刺激强，给人以兴奋感，因此称为兴奋色。蓝、青绿、蓝紫色的刺激弱，给人以沉静感，称为沉着色。但兴奋性与沉着性随纯度的降低往往会降低。绿与紫是介于二者中间的中性色，是人们视觉不会觉得疲劳的颜色。

(3)华丽与朴素

华丽和朴素是由于色彩的纯度与明度的不同而具有的感情效果，即彩度与明度高的颜色给人以华丽感。冷色具有朴素感，金、银色有华丽感，而黑白两色因使用情况的不同可以具有华丽感也可以具有朴素感。

(4)轻与重

明度高的颜色感觉轻快，低的颜色感觉沉重；同明度的颜色，彩度高的感觉轻，低的感觉重。

(5)软与硬

明度高、彩度低的色有柔软感，而明度低、彩度高的色有坚硬感，黑、白有坚硬感，灰色有柔软感。

(6)联想和象征

人们根据各自的生活经验和社会经历、记忆或知识等，对颜色产生各自的联想，这种联想根据不同人、不同年龄、民族、性别会有不同的反应，但对有些色的联想是有共性的，见表 4-4。不同的色彩会给人带来不同的心理与生理反应：当我们看见白色时，有时会想到牛奶；看到红色时，就会想到太阳和火而感到温暖；当我们看到蓝色时，就会想到蓝天与大海而产生一种宁静、清爽的感觉。所以，环境设计中，我们要根据环境的不同功能以及人们在这样的环境中心情的变化，考虑环境色彩的配置。

色彩的联想　　表 4-4

颜色	抽象联想	具体联想
红	热情、革命、危险	火、血、口红、苹果
橙	华美、温情、嫉妒	橘、收获、秋天
黄	光明、活泼、快乐	光、柠檬、秋叶
绿	和平、成长、安宁	植物、大地、田园
蓝	沉静、悠远、理想	水、海、天空
紫	优雅、高贵、神秘	葡萄、地堇花、三色草
白	纯洁、神圣、朴实	百合、雪山、白云
灰	平凡、忧郁、朴实	乌云、水泥、阴天
黑	严肃、死亡、罪恶	夜、煤、墨

色彩的情感与人的性别、年龄、阶层、职业、环境、地域、民族等因素密不可分。不同的人对颜色的喜好是不同的；不同的国家和地区在色彩使用上也有自己的偏好。

第 5 章　公路建筑心理学及行为人心理特征

随着我国公路等级的不断提高和汽车工业的迅猛发展，在考虑行车安全性的同时，行车舒适性已越来越受到人们的关注。传统的公路线形设计主要是以汽车行驶理论为依据，考虑了汽车的爬坡性、制动性和操纵稳定性等要求，适当考虑道路使用者的感受。道路交通系统是由人、车、路构成的动态系统，其中公路的直接使用者或服务者(行为人)主要是驾驶人和乘客。行为人的心理特征直接影响到汽车行驶的安全性和舒适性，这对公路建筑群的设计至关重要。

本章主要从公路建筑心理学角度研究公路行为人的心理特征及基本规律，以供道路设计时考虑，尽可能减轻行为人心理负担，分析行为人的心理活动，提高公路服务性能和舒适性。

5.1　公路建筑心理学研究的内容与方法

5.1.1　心理学研究的内容及方法

辩证唯物论认为，人的心理是人脑对客观现实主观能动的反映，具有明显的概括性、目的性、主观性、能动性以及自我意识和社会制约性。不论是同一社会、同一阶段、同一民族、同年龄阶段的人，或者是不同社会、不同阶段、不同民族、不同年龄阶段的人，都有其共同的心理结构，但其中每一个人的心理又都各有特色。

人的心理现象是错综复杂的，心理学研究五个方面的主要内容：

(1)心理过程，包括认识过程，情绪过程、技能形成过程等。

(2)心理结构，主要揭示各种心理现象之间的联系和关系。

(3)心理的脑机制，揭示心理现象与脑的关系。

(4)心理现象的发生与发展。

(5)心理与环境的交互作用。

不同心理学学派研究方法不同。构造主义学派应用实验的方法研究心理问题，便于测量，而且精确、严格，可以重复验证。机能主义学派把“比较法”引进心理学的方法论，并作为主要研究方法。行为主义学派采用实验心理学的方法。塔式塔学派扩展了现象学的使用，直接描述意识经验，强调心理的整体论。精神分析学派将临床的精神分析（释梦和自由联想等手段）引进心理学，研究病人的潜在动机以及心理治疗方法。

近几十年来，随着自然科学的发展和实验技术的进步以及经济社会的多元化，心理学得到迅速发展，也形成了各种研究方向。其中生理心理学研究方向，把生理学看成描述和解释心理功能的基本手段，认为所有的高级心理功能都与生理功能相关，特别是与脑功能密切相关；相应的研究方向包括：①脑功能的定位；②心理免疫学；③遗传在行为中的作用。研究方法主要有：临床方法、局部切除法、电刺激法和生物化学方法等。随着神经生理学、影像学和计算机技术的发展，神经成像法已经应用于神经心理学和认知神经科学的研究。

5.1.2 公路建筑心理学的定义及研究内容

笔者认为，公路建筑心理学的定义为“研究公路建筑空间环境与公路行为人关系的一门交叉学科，也是公路建筑学的一个分支”。其中公路建筑空间环境包括了公路的线形空间、几何尺寸、建筑群立体空间和视觉空间等。公路行为人这里是个统称，包括驾驶人、乘客、游客等公路使用者，也包括收费、管理与养护、执法、餐饮、售货、卫生人员等公路服务者，还包括沿线居民等间接影响者。

限定了公路建筑空间环境和公路行为人之后，公路建筑心理学实质上是研究环境与心理的科学，只是环境是独特的环境，心理是某些群体的心理，而不是研究所有环境、所有个体。

公路建筑心理学研究的内容包括以下部分：

(1)公路行为人的心理活动，主要研究公路使用者（驾驶人、乘客、游客等），公路服务者（收费、管理与养护、执法、餐饮、购物人员等），间接影响者（沿线居民等）的心理活动。

(2)公路建筑空间环境与公路行为人心理活动的关系。

(3)改善公路行为人心理活动的公路建筑空间环境建设。

由于公路建筑心理学方法论尚在初步构建之中，基础心理学研究的方法基本可以应用，下一步在研究实践中应着力探索、研究现场公路建筑环境下公路行为人心理活动的实验与评估方法。这里，不进一步介绍、讨论公路建筑心理学研究的方法。

5.2　心理活动及一般规律

心理学一般把心理活动分为三大类，即人的认识活动、情绪活动和意志活动。由于人的认识活动在公路建筑群中十分重要，公路几何设计往往多基于视觉等认识活动，所以本节将重点介绍认识活动的一般概念和规律。

5.2.1　认识活动

认识活动包括感觉、知觉、注意、记忆、联想、思维等。

1)注意

注意是心理活动对一定对象的指向与集中。注意本身不是一个独立的心理活动，但贯穿于心理活动的始终，是伴随感觉、知觉、记忆、思维等心理过程而产生的集中状态及对事物的目标指向。在交通行为中引起注意十分重要，如交通标志的色彩鲜明即是引起注意。

在同一时间内，人只能注意少数的对象，而不能注意所有的对象，凡是能引起注意的，都能被人清晰地意识出来。

2)感觉

感觉是人脑对直接作用于感觉器官的客观事物的个别属性的反映，对应五种器官(眼、鼻、舌、耳和皮肤)，人的外部感觉主要有五种类型，分别是视觉、嗅觉、味觉、听觉和触觉。通过感觉可以了解自己身体各部分的状态，获得自身的位置、运动、姿势、饥饱、劳逸和心跳等信息，人的内部感觉包括运动觉、平衡觉和内脏觉(如饥渴、饱胀、恶心等)。

感觉具有先入性，最初感觉的东西或物品，印象最为深刻，而且成为以后印象物的参照对象；感觉具有舒适性，对某事物的感觉可以分为舒适感觉、无适感觉和不舒适感觉；感觉具有适应性，随着时间的延长和空间的变化，感觉的敏感性逐渐下降；感觉具有感受性，人的器官只对一定范围内的刺激作出反应，这个刺激范围及相应的感觉能力称为感觉阈限或感受性，刺激的强度和范围也称刺激量，刚刚能引起感觉的最小刺激量称为绝对感觉阈限。绝对感觉阈限越小感受性越大。一个良好的交通环境或旅游景区经受人为破坏后，给人极其差的印象，而要改变这个则需要非常强有力的变化刺激量，往往需付出更大的努力，这就是感觉差别阈限与原刺激相关的缘故。

此外，同一感受器官接受不同刺激而使感受性发生变化的现象叫感觉对比，感觉对比有同时对比和随时对比两类。

一般，刺激停止作用后感觉现象并不立即消失，仍在头脑中保留一个短暂时间(约 0.1s)，这种现象为感觉后像，当然停留时间长短与刺激的强度和作用的时间有关。

联感是一种感觉引起另一种感觉的心理现象。不同的色调也会引起不同的心理效应。

3)知觉

知觉是对被感觉的事物或现象进行挑选、组织和解释的过程，知觉和感觉不可分开。知觉过程往往要经历生理和心理两个历程。首先通过器官感觉对象这是生理过程，然后在头脑中形成一种印象，又与个体已有的知识、体验一起构成经验、行为感情、愉快等各种体验，最终形成一个有意义的心理画面。

根据知觉过程中起主导作用的分析器，可分为视知觉、听知觉、嗅知觉、味知觉和触摸觉等。根据知觉对象的不同，可分为对物的知觉和对人的知觉，其中对物的知觉主要有空间知觉、时间知觉和运动知觉；对人的知觉(也叫社会知觉)包括对别人的知觉、自我知觉和人际知觉，对人的知觉往往存在第一印象、光环效应、刻板印象、近因效应等偏差。

一般一个人在不同的心境下对时间有不同的知觉。长假期间出外旅游，时间知觉较弱，希望尽可能去自由游览，而短期出外尤其是出差考察的简单游行或游览，时间知觉较强，有时稍有耽搁往往就容易产生不良心理情绪或抱怨感觉时间很长。

对知觉的空间距离而言，不同感官所能反映的空间距离是不同的。

(1)嗅觉距离

只有在小于 1m 的距离以内，才能闻到别人头发、皮肤和衣服上散发出来的较弱的气味，香水或者别的较浓的气味可以在 2～3m 的远处感觉到。超过这一距离，只有很浓烈的气味，人才能嗅到。

当一个人闻到他感兴趣的芬芳时，不仅会引起警觉，有时还会接近，景观设计中芳香植物的魅力就在于此。一般公路设计可不予考虑过多的嗅觉吸引等要素，但在停车区等景点式区域可以采用一些芳香植物引起观赏者的注意。如果人闻到一股异味，如臭味，他将拉大与其的距离，甚至会避开，因此在公共场所的环境设计中，休憩设施布置要与垃圾桶、厕所留有适当的距离。

(2)听觉距离

在 7m 以内，耳朵是非常灵敏的，可在这一距离进行交谈。大约在 30m 的距离，人可以听清楚演讲，但已不能进行实际的交谈。超过 35m，只能听见人的大声叫喊，但很难听清他在喊什么。

由于公路交通本身产生噪声污染，听觉基本不控制公路线形设计。但公路两侧行道树在风力作用下的沙拉拉响声，以及公路沿线或周围飞鸟的叫声也会传递给低速行驶车辆上驾乘人以别具一格的景观形态和舒畅的心境。

(3)视觉距离

在 0.5～1km 的距离之内，人们根据背景、光照、特别是人群移动等因素，便可以看见和分辨出人群。在大约 100m 远处，能见到人影或具体的个人；在 70～100m 远处，可以确定一个人的性别，大概年龄或在干什么；在大约 30m 远处，可以看清每个人，包括其面部特征、发型和年龄；当距离缩小到 20m，就可以看清别人的表情。所以超过 70～100m 这一距离会影响观看行为，户外活动场地以 25～30m 为宜。

距离有客观距离和感知距离之分，一般情况下客观距离与感知距离存在差距。人们在旅游、出差、学习、游乐或访友时，住地与目的地之间构成一定的客观距离，有时距离对外出具有引力作用，距离自己较远的产生新鲜感和神秘感。但有时距离产生阻力作用，因为需要付出距离成本，包括经济成本、时间成本、体力成本、机会成本和精力成本。长途交通成本与距离成正比，和体力也成正比。

同样，空间知觉也存在物理上的空间知觉与心理上的空间知觉；除了物理上的空间知觉外，其实每个人都会有一个心理上的空间知觉，依不同环境、不同口味、不同需求、不同场合等标准各异，比如长途旅游容易引起交通疲劳，如果乘坐的小客车空间小更容易加剧疲劳，如果乘坐宽大、舒适、明亮的大客车，则心理空间大时物理空间也大，不会产生不舒服的情绪。即使是短途旅游，采用大客车也会延长时间知觉。

人们总是选择有意义的刺激物作为知觉对象，而把其余刺激物当作背景。所以知觉的对象能够得到清晰的反映，而背景只能得到比较模糊的反映，但这个对象和背景在不同情况下会发生相互转换(图 5-1)。强度大、对比明显的刺激物容易成为知觉对象。在空间上接近、连续形状上相似的一组刺激也容易成为知觉的对象。在相对静止的背景上，运动着的物体容易成为知觉对象，如动态广告的闪光。维量变化较强的刺激物容易成为知觉对象。知觉有时表现为对刺激产生的兴趣或明确目的性，有时表现为对刺激物的防御、警惕或过滤的一种心理现象。

知觉能将零乱系统的刺激组织成一个有序的整体。人们倾向于将空间上的不完整形态视为一个整体，根据以往的经验去填补缺失的空白(这称为闭合

图 5-1　酒杯和人脸双关图

原理)；倾向于将具有相似性或相同性的自然属性的事物组合在一起形成一个整体(称为相似性的原理)；倾向于将相互接近的刺激物组合在一起构成知觉对象(称为接近性原理)；倾向于将刺激的一部分居主位，另一部分作为背景(称为图形背景原理)。

知觉具有解释性，即人们对被知觉的事物或刺激赋予含义，并根据知识、经验进行标志，而且不同人接受的刺激不同，赋予的含义或给出的标志也不尽相同。

此外在感知过程中，知觉对一些物理条件如亮度、大小、形状、声音、颜色等表现为相对稳定和不变，而对特定条件下的客观事物表现为失真和歪曲。

4)记忆与遗忘

记忆是过去感知过的事物在头脑中又被重现的心理活动，包括识记、保持、再认(或重现)三个基本环节。根据内容的不同记忆可以分为形象记忆、逻辑记忆、情绪记忆和动作记忆。形象记忆保持的是事物的感性特征，是人们从事基本活动时进行构思、创新与表演的基础；情绪记忆比其他类型的记忆保持的时间要长久得多；而动作记忆通常识记时较难，但一经保持则不易遗忘。根据记忆内容保持时间的长短可分为瞬时记忆、短时记忆和长时记忆。人们最初短时记忆能记住 5～9 个信息单位，但有效检索的最优标准是 3～4 个信息单位。

记忆具有沉睡的效应。比如随着时间的推移，原先对某种事物或现象的厌恶感、喜欢感不再存在，而其印象等却能独立存在于记忆中，并导致对其态度的滞后改变。

“怀旧”是人们随年龄的增长而产生的一种心理现象，而且越来越普遍，并不仅仅局限在老年人，也包括年轻人，这是把自己现在的场景与自己经历的事情之间建立的一种联系。

当识记正确时，由于保持不牢固或产生干扰而不能再认和重现，或者发生错误的再认或重现的现象就是遗忘。遗忘有生理方面的原因，也有心理方面的原因，有的是暂时性的，有的是永久性的，表现形式有部分遗忘和全部遗忘。一般地，最先被遗忘的是那些没有重要意义的部分、材料的细节部分、不能引起兴趣的部分、不符合需要的部分、学习时不易牢记的部分以及采用不符合科学记忆方法的部分。

5)思维

思维是人脑对客观事物本质属性和内部规律间接概括的反映。思维的过程包括对信息进行分析、综合、比较、抽象和概括以及系统化和具体化,其形成有概念、判断、推理等,其中推理包括归纳推理和演绎推理。根据思维任务的性质内容和解决问题的方法可分为直观动作思维、形象思维和抽象思维;根据思维的判断是依据日常生活经验还是科学的概念和论断可分为经验思维和理论思维;根据思维的结果是否经过明确的思考步骤和对过程是否有清晰的意识,可分为直觉思维和分析思维;根据思维的创新程度可分为常规性思维和创造性思维;根据思维探索答案的方向可分为辐合思维和发散思维。

6)表象和想象

表象是人们在头脑中出现的关于感知过的事物的形象,如"历历在目";表象具有形象性、概括性和可操作性。根据产生的主要感觉通道,表象可分为视觉表象、听觉表象、运动表象、嗅觉表象、触觉表象和为觉表象;根据创造程度的不同,可分为记忆表象和想象表象;根据对象范围和概括程度,可分为个别表象和一般表象。在刺激停止作用后,脑中继续保持异常清晰、鲜明的表象称为遗觉。

想象是在原有感知的基础上对已有的表象进行加工改造、创造出新形象的过程。想象在人们生活中具有预见作用、补充作用、代替作用和调节生理作用。按照想象活动是否具有自觉的目的性,可分为无意想象(比如梦)和有意想象,在有意想象中根据想象内容的新颖程度和形成方式的不同可分为再造想象、创造想象和幻想。根据幻想能否实现可分为科学幻想、理想和空想三种形式。

5.2.2　情感与意志

情感和意志过程是整个心理活动过程重要的两个阶段。情绪活动包括喜、怒、哀、乐、美感、道德感等。在认识活动和情绪活动的基础上进行行为、动作、反应的活动属于意志活动。

1)情绪和情感

情绪和情感是人们对客观事物是否符合自己的需要而产生的主观体验,通常那些满足人需要的事物会引起肯定的态度,就会产生喜悦、满意、愉快等内心体验,反之阻碍需要得到满足的事物就会得到否定的态度,产生不满、忧愁、憎恨等内心体验。

往往把与生理需要相联系的内心体验称为情绪。情绪带有极大的情境性和短暂性,具有明显的冲动性和外部表现;把与人的社会需要相联系的内心体验称为情感。情感带有很大的稳定性和深刻性,不易因情境的改变而转移,不轻易外露。

情绪和情感具有动力作用,对人的活动进行调节,可激励人的行为,改变行为效率,当然积极的和消极的其作用相反。

2)意志

意志是一个人自觉地确定目的,并根据目的来支配调节自己的行动,克服各种困难,从而达到预定目的的心理过程。意志具有能动性、积极性,是自觉目的的行动。意志过程包括:①作出决定阶段,这一阶段往往经历动机冲突和目的确定等环节;②执行决定阶段,这一阶段往往克服各种困难;③执行后感受阶段,执行后的感受是未来行动的心理依据。

5.3 公路行为人的心理活动

心理学的重要理论之一——生态知觉理论,强调环境所提供信息的反映,认为知觉是一个有机整体的环境刺激所感知的过程。当环境信息构成对人的刺激时,会引起人的探索、判断、选择性注意等,这些心理活动对人利用环境满足自己的需要(包括舒适、娱乐等需要)十分重要。这里,环境包括三重意义:

(1)环境对象要为它的使用群体提供便捷性。

(2)环境对象要有明确的意义。

(3)要让使用者的需要得到满足。

对公路建筑环境而言,显然公路环境要提供给使用便捷性而且具有明确的意义,目前对"使用者的需要"研究不多,其满足程度需要进一步探索。

本节讨论公路行为人的心理活动,并注重不同行为人的需要。

5.3.1 驾驶人的心理活动

驾驶人是公路使用的最直接人员。任何一个驾驶人在使用公路、实施驾驶行为中都会产生一系列生理、心理活动。其中一些与公路环境基本无关,但也有许多是由于公路环境刺激或影响形成的。公路建筑学研究公路建筑空间环境与驾驶人在实施驾驶行为之中心理活动的关系。驾驶人通过视、听、触觉器官从公路交通环境中获得信息，经过大脑进行处理，作出反应和判断，再支配手、脚运动器官，操纵汽车，使之按驾驶人的意志在道路上运行。

在整个驾驶行为中，驾驶人的心理过程包括注意、感觉与知觉、记忆、思维、表象和想象等认识过程，也有情绪、情感与意志过程，当然也会出现驾驶人由于个性、倾向性、性格、能力、气质等的差异产生个性心理活动。其中，大部分的心理活动是对公路交通环境的认知。

1)注意

在交通行为中引起注意十分重要，注意与引起注意一直是驾驶人与公路设计人员关心的焦点。公路交通标志即是引起注意。相应的驾驶人的注意具有以下显著特征：

(1)具有选择功能，使心理活动有选择地指向那些对个体有意义的、符合需要的、与当前活动有关的对象，同时抑制和排除与此无关的对象，可以保证以最小的精力、最便捷的路径完成驾驶任务。

(2)具有跟踪和保持功能，可以使人在一段时间内保持一定的紧张状态，跟踪被注意的对象，使意识得到保持或维持。

(3)具有调节和控制功能，能对人所从事的活动进行有目的的控制，进行适当的分配和适时的转移，在必要时可对错误进行纠正。

驾驶人的注意根据其目的性，可以分为无意注意和有意注意。

无意注意指事先无目的性，也不需要意志努力的注意，主要是由于刺激物具有新奇性、运动性、对比性或强度等特征(或其中之一)而表现为与众不同。例如较长公路上别具一格的建筑物的造型、色彩变化等外在因素更容易引起驾乘人的无意注意。

有意注意是一种自觉的、有目的的在必要时需要付出一定意志努力的注意，受意识调节和支配，具有相对的稳定性。比如车队行驶时，后车驾驶人跟踪前车就是有意注意。

一般地，成人在 1/10s 内能注意到 4～6 个毫无联系的孤立的对象。如果对象形态相似、排列集中整齐，颜色大小相同，注意的范围就会大些。对驾驶人来讲，长时间从事驾驶行为应在中间环节增加休息或其他起伏多彩的变化环节来保持注意的稳定性。

汽车驾驶人在驾驶汽车时手扶转向盘，脚踩油门，眼睛还要注意路标和路面状况，有时还与乘客聊天；这样同一时间内对两种或两种以上的刺激进行注意即注意发生分配。如果几种作业难度增加，同时作业完成的质量和水平将会下降，注意的要求将会增加，注意的分配也更困难。

2)视觉

(1)驾驶人视觉基本规律

在行车过程中,驾驶人需要及时感知各种交通信息。视觉占80%,听觉占14%,触觉占2%,味觉占2%,嗅觉占2%。视觉在辨别外界物体明暗、颜色、形状等特性以及对物体空间属性如大小、远近等的区分上起着重要作用。有了视觉,才能认知物体的形状、大小、位置和颜色。

人的视线习惯于从左到右和从上往下运动,以及习惯于按时针转向看圆内的东西,眼睛的水平运动比垂直运动快;眼睛上下运动比水平方向运动容易疲劳;对直线轮廓比对曲线轮廓更容易接受;设计道路的标志牌时,一般宜采用横向的长方形牌,字体从左至右书写,便于驾驶人迅速看到并作出反应。

在运动中视觉受到影响。人的感官适应于感受和处理运动速度在1.4~4.2m/s以下的对象,如果运动速度增加,观察的细节和处理信息的能力就会下降。在运动中想要看清物体时,需要停下来仔细观察。

(2)驾驶人的动视力与夜视力

视力是人的眼睛分辨物体形状、大小的能力。汽车行驶时,驾驶人同车体一起按一定的速度前进,也就是说驾驶人与道路环境中的物体是相对运动的。驾驶人观察物体运动的视力,称为动视力。随着车速的提高,动视力明显下降。车辆以60km/h的速度行驶时,车内驾驶人能看清车前240m的标志,而以80km/h的速度行驶时,则在接近160m处才能看清。

入夜光线暗,视力可降至白天视力的4%~10%。在黑暗环境中的视力称为夜视力。一般,照度与视力成线性关系,照度减小,视力下降。夜间,在车灯照明的条件下,能发现各种颜色的距离,见表5-1。穿黑衣服的行人,则要离车9.6m左右,驾驶人才能看清他是横穿马路,还是在路边行走。从表5-1中分析,交通标志需驾驶人能尽早发现,故以白色、红色、绿色为最好。由于汽车前照灯光线较低,所以物体在车前的位置越低,夜间越容易被发现。交通标志牌的柱子应刷白漆,并应经常清洗和补刷,以使驾驶人容易发现,从而向上观察交通标志。

能发现各种颜色的距离(m) 表5-1

衣物的颜色	白	黑	乳白	红	灰	绿
能发现某种颜色的距离	82.5	48.2	76.6	67.8	66.3	37.6
能确认是某种物体的距离	42.9	18.8	32.1	47.2	36.4	36.4
能肯定其移动方向的距离	19.0	9.6	13.2	24.0	17.0	17.8

(3)视力适应与眩光视力恢复

人的眼睛对于光亮程度的突然变化,要经过一段时间才能适应。由明亮处进入暗处,眼睛习惯、视力恢复的暗适应时间较长,通常要 3～6min 才能基本适应,30～40min 才能完全适应。而由暗处到明亮处,眼睛习惯、视力恢复的明适应则可在 1min 内完成。

一般情况下,由隧道外进入没有照明条件的隧道内大约发生 10s 的视觉障碍;在城区和郊区交界处,由于夜晚照明条件的改变都会使驾驶人产生视觉障碍,从而影响行车安全。因此,在隧道入口处和与郊区公路连接的城区道路上应设有缓和照明,以减少视觉障碍,保证交通安全。

太阳落山前,公路上的照度较高,日落后的黄昏时刻照度明显降低,在由明转暗的情况下,眼睛看东西需要 30～40min 的时间才能稳定在一个水平上。由于天黑得较快,而暗适应还没充分形成,加之打开前灯,恰与周围的光度相等,不能形成对比,因此黄昏时最难驾驶并易出事故。

在暗淡光亮下的眼睛,受到强光刺激后,要产生眩感而使视力下降,恢复视力的过程如图 5-2 所示。静视力由于眩目视力下降至 0.4,恢复到 1.1 需要 20s;动视力需要 40s,而且只是恢复到 0.6 左右。夜间,对向车的前照灯灯光,一般并不一定正射在驾驶人眼睛的正中心,而且驾驶人也可以转动眼球或调整视线避开直射的强光。夜间对向车前照灯形成眩光后,恢复视力的时间需 3～4s。

(4)动视野及驾驶视野

将头部与眼球固定,同时能看到的范围为静视野。正常的单眼视野范围,颞侧为 90°,鼻侧为 60°,上方为 60°,下方为 70°,两眼的视野可达 120°。若将头部固定,眼球自由转动,同时看到的范围为动视野。动视野比静视野大,左右约宽 15°,上方约宽 10°,下方无变化。驾驶人的视野随着汽车行驶速度的提高,注视点前移,视野变窄,周界感减少,静态视野不能完全反映实际视域水平。不同车速时注视点与视野的关系见表 5-2 和图 5-3。

车速与注视点及视野的关系 表 5-2

行车速度(km/h)	注视点在汽车前方(m)	视野(°)
40	183	90～100
60～80	330～420	60～75
95～105	540～610	40

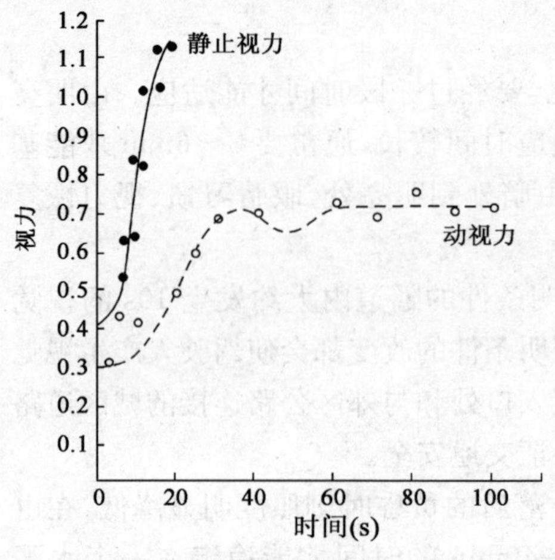

图 5-2　从眩光情况下恢复视力的时间

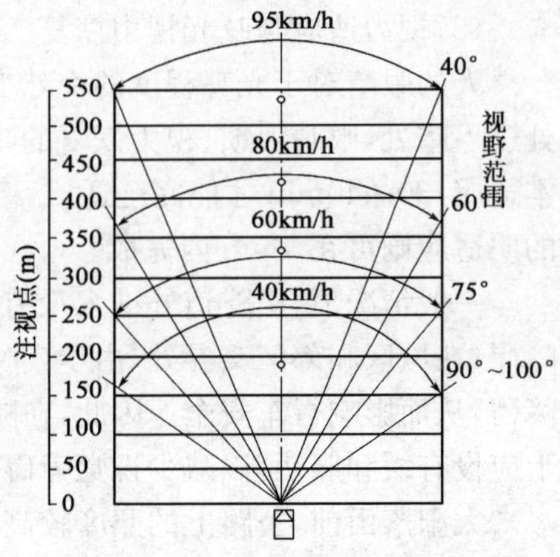

图 5-3　不同车速时视野和注视点的关系

驾驶人的注意力集中和心理紧张程度随着车速的增加而增加。驾驶人的注意力集中点随着车速增加而向远处移动。当车速增加时,对前景细节的视觉开始变得模糊起来。车速增加到 95km/h,注意力集中在前方 540m 以外的某一点。车速超过 95km/h,对前景细节的反应实际上等于零。

驾驶人的周界感随着车速的增加而减少。当车速达到 72km/h 时,驾驶人可以看到公路两侧视角(视野的一半)30°～40°的范围。而当车速增加到 95km/h,视角减至 20°以下。当车速增加时,驾驶人的注意力随之引向景象的中心而置两侧于不顾,结果形成所谓隧洞视,容易引起视觉疲劳。因此,在设计道路时,应在平面线形中限制道路直线段的长度,强行促使驾驶人变换注视点的方向,避免视觉疲劳。

(5)视认距离

在汽车行驶的过程中,靠近路边的景物相对于驾驶人眼睛的回转角速度若大于 72°/s 时,景物在视网膜上就不能清晰的成像,感到模糊不清。所以,车速越高就越看不清路边近处的景物。因此,交通标志的设置要与驾驶人有一定的距离。交通标志视认距离与行驶速度有关(表 5-3)。根据试验,当车速为 64km/h 时,能看清车辆两侧 24m 以外的物体;而 90km/h 时,仅能看清 33m 以外的物体。小于这个距离,无法识别物体。

视认距离与行驶速度的关系　　表 5-3

速度(km/h)	< 50	60	70	80	90	100
视认距离(m)	240h	239h	236h	227h	209h	177h

注:h 为文字高度(cm),表中所列为白天数值,夜间为 60%～70%。

同样，交通标志的文字尺寸应与车辆行驶速度相适应，指路标志上汉字高度见表 5-4，字宽与字高宜相等。

文字尺寸和行车速度的关系　　表 5-4

计算行车速度(km/h)	<30	40～60	70～90	>100
汉字高度 h(cm)	10	20	30	40

我国对文字高度和视认距离的关系可用如下计算公式。

①在白天、步行、白底黑字情况下：

$$D=\frac{20}{3}h \quad (h\leqslant 45\text{cm})$$

$$D=300+90\left(\frac{h-45}{25}\right)^{\frac{2}{3}} \quad (h>45\text{cm}) \tag{5-1}$$

式中：D——视认距离(m)；

h——文字高度(cm)。

②在夜间情况下：

$$D=\left(25+\frac{h}{3}\right)\lg L+3.4h-7 \tag{5-2}$$

式中：L——标志板的照度；

D、h 意义同上。

汉字与拉丁字母的视认距离比为 2∶1，即拉丁字母大小可采用汉字的 1/2。笔画为 5 画的汉字视认距离为 10 画的 1.5 倍，笔画为 15 画的则为 10 画的 0.9 倍。

(6)视觉敏锐度与注视时间

视觉敏锐度是指分辨细小的或遥远的物体或物体细部的能力。在 3°～5°的锥体内，视觉最敏锐，在 5°～6°的锥体内，视觉十分敏锐；在 10°～12°的锥体内，视觉清晰；在 20°的锥体内，有满意的视觉。在垂直面上，视觉敏锐度的角度只是水平面上视觉敏锐度的 1/3～1/2。

注视时间的长短，要看信息的重要程度、辨认难易而定。各种交通环境的信息对象注视时间见表 5-5。对一般设施为 0.2～0.4s，里程表的注视时间较长，所以公路两侧的里程桩号宜以粗大醒目为好。此外，道路两旁与交通无关的刺激信息（如商业广告、信号灯边缘增加引人注目的霓虹灯等设施）会过多地吸引驾驶人注视，增加对驾驶人的视觉干扰或形成视觉污染，应尽力避免。

不同对象的平均注视时间 表 5-5

信息对象	平均注视时间(s)	信息对象	平均注视时间(s)
路面	0.19	山腰	0.17
护栏	0.23	标志牌	0.40
远方线形	0.26	超车车辆	0.41
车道线	0.17	里程表	0.74
跨线桥	0.23		

3)驾驶人的心理需求

对公路而言,驾驶人的直接需求是便捷通畅的公路通行能力服务,一般交通阻塞或不通达、绕行往往引起驾驶人的负面情绪或情感。驾驶人的第二需求是公路对多元化的服务功能和视觉享受及尽可能少的视觉污染和尽可能多的交通引导,错误的交通引导往往导致驾驶人的反感。第三,长途驾驶一般需休息或活动,如公路能提供此类设施则可缓解长时间驾驶的疲劳。

5.3.2 公路其他行为人的心理活动

公路其他行为人包括公路使用者(驾驶人除外,如乘客、游客等),公路服务者(收费、管理与养护、执法、餐饮、购物人员等),间接影响者(沿线居民等)。

与驾驶人的心理活动相似,乘客、游客等作为公路的直接使用者,在使用过程中产生一系列心理活动,发生一系列行为,其中许多是由于公路环境刺激或影响形成的。乘客、游客等公路直接使用者也会产生类似于驾驶人的心理过程,包括:注意、感觉与知觉、记忆、思维、表象和想象等认识过程,也有情绪、情感与意志过程,其中大部分的心理活动也是对公路交通环境的认知。

然而,公路服务者(收费、管理与养护、执法、餐饮、购物人员等),间接影响者(沿线居民等)的心理活动与驾驶人的心理活动存在较大差异。他们作为服务人员和间接影响者,对公路环境或局部路段的环境特征长期以来已经具有一定的认知过程,其工作和生活与公路环境必然或可能发生相互作用的关系,其心理活动与其工作和生活密切相关。

1)乘客、游客的心理活动

作为一般的乘客,通常以安全抵达目的地为目标,在行驶中一般不刻意注意公路建筑环境,多数是无意注意,相应的视觉也会经过大脑加工形成认识。根据心理学理论,快速行驶中的用路者需要前方视野开阔才能具有舒畅和安全的感觉，而左右两侧的风景在中距离上具有视觉上的舒适感，部分近距离的视域可以给观察者较清晰的映象，但过于集中的近距离视域容易产生压迫感。对于较远的两侧视域来说，过远的景色将会减弱其对观赏者的信息输送水平，达不到较完整的信息传播的目的。对一般乘客的无意注意可以通过景观设计来改善视觉。这里对一般乘客的心理活动不做过多研究讨论。

对公路的游客，其以旅游观光、观赏为目的。其中一部分游客为专家考察团队，如考察某高速公路或评比某条公路时，专家考察团队一般对公路内在性质有较深的了解，其注意为有意注意，相应地，作细致的介绍或推荐、宣传后，可增强考察人员对项目的认识和了解，并可引起有意注意向一个方向深入。

而对一般的游客，其旅游观光、观赏过程中的心理活动主要表现为以审美观主导的旅游需要。以下对游客审美的心理活动作一些分析与讨论。

(1)美与审美观

“美是什么”是一个永恒的难题，“客观美论”认为美在物体本身、自然和社会本身。凡是大小得体、比例适当，能体现出秩序、均称、明确的形式就是美丽。美的事物的第一个特征就是具有好的形象性，能被人们感知；同时美还具有感染性，能引起人们喜爱和崇敬感情、悦意等，能引起人们的爱慕和追求，能使人心情舒畅、精神振奋；美具有新颖性，在社会美和艺术美中表现尤为突出。景观的造型美，文化的内涵美，历史的沧桑美，建筑的风格美，雕塑的表现美，绘画的境界美，舞蹈的韵律美，音乐的旋律美，文学的意境美，综合起来就成为人们体验的艺术美。美无处不在，艺术性也就无处不在。

公路本身立体的空间线形就是一种韵律美。

(2)审美的心理分析

①感觉与知觉

人们面对的客观审美对象，无论是青山、绿水、蓝天、白云还是海浪声、风声、雨声、松涛声，总是要以感性的形式呈现出来，直接作用于人们的感觉器官，经过对美的对象的感觉形成美的认识，在下一步引发审美的想象和情感的和谐活动。

对欣赏美、认识美来讲，眼睛和耳朵是主要感受器官，而鼻、舌、身是辅助器官。相应地，审美中视觉和听觉所起的作用也最为突出，因能引起人的精神活动而引起更多的心灵反应。当然在自然界中(如在公路服务区内)欣赏风景时，在鸟语花香与微风拂面的环境中所获得的美好感受，就离不开视觉、听觉、嗅觉与触觉的综合作用。

在知觉过程中，可将客观事物形成一个有机整体，生气勃勃展现感觉到的事物的属性越丰富、越多样,知觉就越完整。

②想象

审美想象是在感知表象与记忆表象的基础上建构新的审美意象,是审美者对自己头脑中已有的表象进行加工改造形成新形象的心理过程。想象的初级形式指简单联想,高级形式指知觉想象与创造性想象。

联想按照它反映的事物间的关系不同,可分为接近联想(在时间上、空间上的接近),类似联想(在外观或性质上的某种类似),对比联想(状貌对比)三种形式。

在艺术类的审美中起主导作用的是创造性的审美想象。对旅游来讲,要充分感受、理解、体验风景美,获得强烈的美感,必须有想象的参与,面对一座雕塑或者是一副画仅仅凭眼前的景物,要获得强烈的感受,就要从自己以前所积累的形象记忆、情绪记忆去展现想象,方可获取愉悦的审美感受。

公路两侧风景及公路路域景观,对游客而言是一幅幅运动的"画展","车在路上走,人在画中游",如果没有审美想象,则其效果一般。

(3)乘客的舒适性

舒适性因人、因时、因地而不同,还涉及安全和卫生的内涵。同一处环境,有人满意有人不满意。但总的来说,人体舒适性包含两个方面:行为舒适性和知觉舒适性。行为舒适性是环境行为的舒适程度、便利程度。知觉舒适性是指环境刺激引起的知觉舒适程度,与景观设计关系最密切的,主要是视觉环境、听觉环境、嗅觉环境和肤觉环境等的舒适性。

对乘客、游客而言,公路提供的首先是行为舒适性,然后才是知觉舒适性。一条公路如果旅行不畅、交通堵塞或者交通安全欠佳、交通服务水平差,那么知觉舒适性再好,其行为舒适性则可能影响整个过程或者留下美中不足的遗憾。所以提升行为舒适性的公路服务水平可满足乘客、游客的基本需求。

与公路景观最密切的是视觉环境的舒适性。各类人工环境的构建满足了人们丰富多彩的需求,激发了人的审美想象,但相应环境的污染或负面影响也引发了心理上的紧张、忧郁、烦躁或其他特征。环境的信息量、信息传递率,以及强度、新奇性和复杂性等对个体的刺激不同,对审美想象等活动的作用也不同。信息量大、传递率高的需要更多的注意,单调的环境易造成心理的不愉快或情绪低落。在风景区内,游览是游人的主要行为,而游览的愉悦程度主要取决于游览路线沿途景观的丰富程度。对公路而言,道路景观良好对调节道路使用者的心理状态、增强游人舒适性将起到重要作用。

2)公路服务者与间接影响者的心理活动

前文提及,公路服务者(收费、管理与养护、执法、餐饮、购物人员等),间接影响者(沿线居民等)的心理活动与驾驶人的心理活动存在较大差异。他们的工作和生活与公路环境密切相关,其心理活动与其工作和生活密切相关,主要表现为情绪、情感方面。

人的情绪来源于外界客观事物的刺激和影响,优美的自然环境往往使人产生愉快的情绪,整洁的环境使人赏心悦目,脏乱的环境,刺耳的噪声使人产生反感和不愉快,环境中的声音、温度、气味、照明等对人们的情绪心理有着深刻的影响,对人们的感受起着强烈的刺激作用。在蓝天白云下人们心情舒畅、情绪开朗、认知活动兴奋。所以针对这些人员,改善公路环境,用良好的公路景观和建筑环境引导他们产生积极的工作情感和意志过程,是我们需要重点研究的方向。

当然,公路服务者(收费、管理与养护、执法、餐饮、购物人员等)个体之间的心理活动也存在一定的差异,主要表现为岗位职责所带来的情感心理和个性心理方面。

间接影响者(沿线居民等),主要受公路环境的各种影响(积极的或消极的)所刺激而产生心理活动,主要表现为情感心理。

5.4　驾驶人的反应特性与心理生理特征

5.4.1　反应特性

驾驶人的信息来自道路和交通环境,它包括道路线形、宽度、路面质量、横断面组成、坡度、车辆类型及其速度、交通信号、标志等。在驾驶车辆的过程中,公路景观、交通环境不断变化,驾驶人就随着接受外界信息的不同,作出相应的反应。

为了应付不测的事态和急速变化的环境,驾驶人总是处于一种应急状态,使之眼睛和神经持续地高度紧张。特别是在高速行驶时,眼球运动每分钟达到 150 次以上,使眼睛感到很累,由此引起驾驶人的中枢神经容易产生疲劳,导致感觉的钝化和知觉的下降。例如,连续的急转弯,驾驶人要不停顿地忙于打转向盘,精神也要高度紧张,就容易出现疲劳现象。

驾驶人的反应特性通常用反应时间来表示。就车辆驾驶而言,对一个特定刺激产生感知并对它作出反应,应包括四个性质截然不同的心理活动。①感知:对需要作出反应的刺激的再认识和了解;②识别:对刺激的辨别和解释;③判断:对刺激作出反应的决策;④反应:由决策引起的肢体反应。这一系列连续活动所用的总时间称为感知—反应时间。

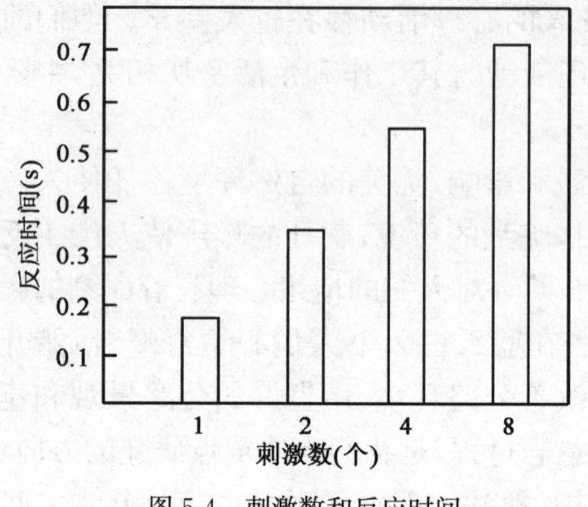

图 5-4　刺激数和反应时间

单纯反应时间是以预先知道可能要出现的信号为条件(例如红灯一亮就制动),视觉刺激为 0.25～0.3s,听觉刺激为 0.2s,触觉刺激为 0.2s,均比较短;复杂反应时间是从刺激当中择出一个刺激反应(例如在红、黄、绿三色灯中,当红灯亮时,制动,其他灯亮时不制动),条件愈复杂,反应时间愈长。如图 5-4 所示,刺激数目愈多,其反应时间愈长。

实际的行驶情况是,外界刺激进入眼中,眼球转动需要时间,人的思维判断是否危险也需要时间。驾驶人从发现紧急情况到把右脚移到制动踏板上去所需要的时间,称为制动反应时间;从开始踩制动踏板到出现最大制动力的时间(包括制动系统传递的延滞时间和制动力增长时间),称为制动器作用时间;从出现最大制动力到使车辆完全停住的时间,称为持续制动时间。

对于制动反应时间,假定确认危险(反射时间)0.4s,将脚从加速踏板挪到制动踏板 0.2s,脚接触到制动踏板和将踏板踩下 0.1s,共计 0.7s,如图 5-5 所示。在实际行驶中,不同驾驶人的制动动作反应时间测定结果如图 5-6 所示。德国道路设计将反应时间视为 $t=1$s;瑞典定为车速 50km/h 时,$t=3$s;车速为 100km/h 以上时,$t=1.5$s。

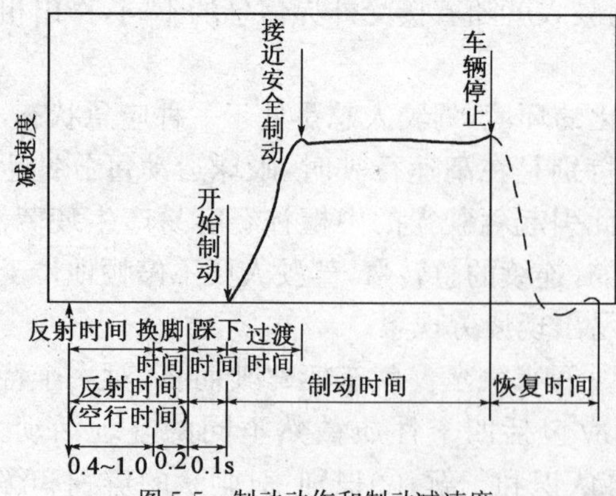

图 5-5　制动动作和制动减速度

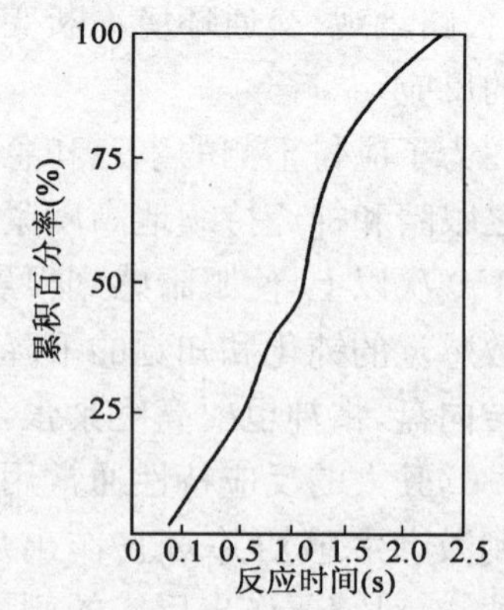

图 5-6　制动反应时间的分布(市区道路)

一般，早显信息和先兆信息都是在驾驶人有思想准备的情况下发生的，故驾驶人比较容易作出正确的判断和决策。微弱信息和潜伏信息都需要驾驶人集中注意力来捕捉和发现，如果疏忽大意，就会产生犹豫或错觉，造成动作迟缓，甚至作出错误判断。最困难的是突显信息，要求驾驶人在极短的时间内采取措施，如果驾驶人反应迟钝或注意力不集中，必然会措手不及，造成事故。

5.4.2　驾驶人的心理生理特征

根据心理生理学原理：人的心理活动或心理紧张是能通过一定的生理反应表现出来的；而且这种生理反应可通过一定的仪器（如心电仪、脑电仪等）定量测量。

人的心理和生理变化是瞬时的、动态的，使得其表现出的各种生理信号往往具有较复杂的波动现象。有学者认为，可用引进信号处理技术的波谱分析理论与方法来研究驾驶人行车时的各种心理生理信号，如可从驾驶人行车试验的心率功率谱上，读出驾驶人心率受到路线线形影响最突出的频率范围，从而定量确定各种道路线形对驾驶人心理影响的程度。一些学者认为，如道路线形不顺畅，某处线形指标突变，道路平、纵线形指标搭配不当、视距不良等事故多发段周围的道路环境对驾驶人的心理、生理、行为等造成的影响，可应用心理生理学方面的理论方法和仪器设备，通过大量的行车试验，研究道路线形与行车心理生理需求的内在关系和规律，探索驾驶人行车时道路平、纵线形及其组合与其心理生理变化的各种关系和模型。

此外，可建立驾驶人行车的心理生理反应（心率增长率指标）与道路纵断面线形、车速等之间的定量关系模型，反映驾驶人实际运行过程中的心率增长的变化。也可应用医学上检测人体心电信息的动态心电仪，结合动态GPS等仪器，研究高速公路上在无其他车流影响下，驾驶人行车通过平曲线时心率和横向力系数、半径和车速之间的关系。还可通过行车试验和数据分析，获得驾驶人行车时心率与横向力系数、半径与车速之间的回归模型，研究驾驶人行车紧张性和行车安全性的关系。

有学者研究表明，高速公路平直路段自由流条件下车速超过100km/h时，心率增长率与车速呈线性增长关系；非自由流条件下超车等驾驶行为对驾驶心理影响显著，心率平均增长率较自由流条件下高，可采用心率增长率32%作为驾驶人心理紧张的生理评价标准，42%作为行车中应避免的心理安全阈值。

林区公路纵坡较大时，驾驶人在下坡行驶时要比上坡时紧张，且驾驶人重载行车时的心理负担大于空载时，心理更加紧张。沙漠公路中，驾驶人表现出有别于一般绿洲公路的驾驶心理和行为特性，容易产生急躁心理，速度估计和复杂反应时间弱于全国平均水平，复杂反应错误次数和处置判断错误次数均高于绿洲公路，静视力和动视力平均值分别为 1.3 和 0.7，动视力相对于静视力的平均下降幅度为 44.75%，远高于绿洲地区。

有研究表明，对高海拔地区公路，由于空气稀薄，车辆平均速度比内地行驶速度低 10km/h 以上；随着海拔的升高，驾驶人的血氧含量减少（图 5-7）；随着血氧含量的减少，人的反应延误时间增加（图 5-8）。海拔 3 000m 时反应时间延误比海拔 400m 以下多约 0.4s。海拔超过 3 000m 时，驾驶人的心理负荷较大（参见图 5-9 和图 5-10）。通过研究结果表明，驾驶人的反应时间要适当的延长，即提高 0.5～1.0s。

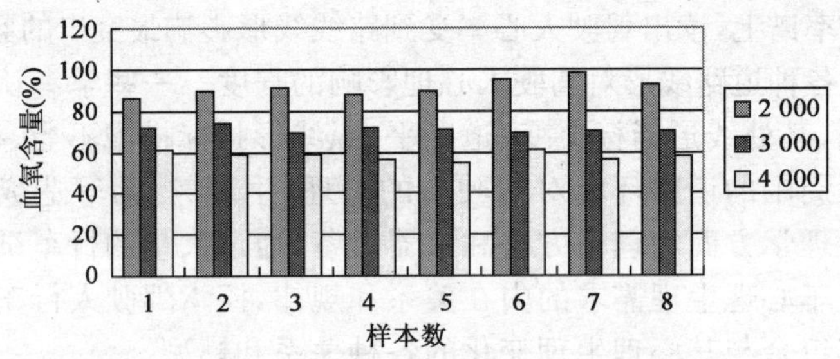

图 5-7　驾驶人在不同海拔高度的血氧含量图

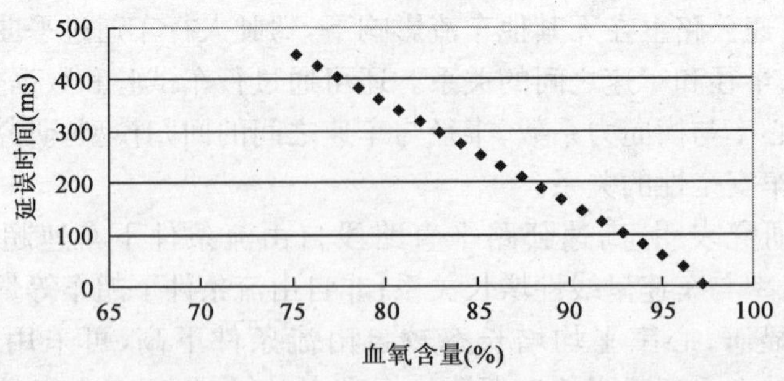

图 5-8　反应时间延误与血氧含量的关系图

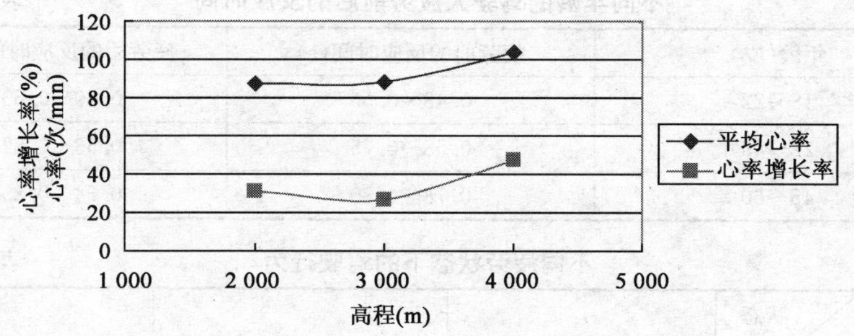

图 5-9　货车驾驶人在不同海拔高度的心率变化图

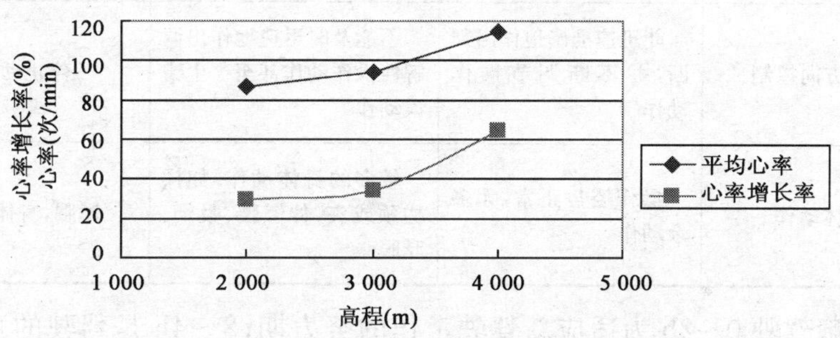

图 5-10　小汽车驾驶人在不同海拔高度的心率变化图

5.4.3　疲劳驾驶的反应特征

长时间驾驶疲劳后，对复杂刺激（如同时给红色和声音刺激）的选择反应时间明显增长（表 5-6），有的甚至增长 2 倍以上。疲劳之后，动作准确性下降，有时发生反常反应（对于较强的刺激出现弱反应，或对于较弱的刺激出现强反应）；动作的协调性也受到破坏，以致反应不及时，有的动作过分急促，有的动作又过分迟缓。有时，作出的动作并不错，但不合时机。这在制动、转向方面，表现得最为明显。疲劳以后，判断错误和驾驶错误都远比平时增多。判断错误多为对道路的通畅情况，对潜在事故的可能性及应付方法考虑不周到，降雨降雪时速度不当等。驾驶错误多为掌握转向盘、制动、换挡不当。严重者可发生手足发抖，脚步不稳，动作失调，肌肉痉挛，对驾驶发生严重影响。有的人甚至进入半睡眠状态，把车开入河里、桥下或撞在岩壁上。不同疲劳状态对驾驶行为的影响可以归纳成表 5-7。

不同年龄的驾驶人疲劳前后的反应时间 表 5-6

年龄(岁)	疲劳前的反应时间(s)	疲劳后的反应时间(s)
18～22	0.48～0.56	0.60～0.63
22～45	0.58～0.75	0.53～0.82
45～60	0.78～0.80	0.64～0.89

不同疲劳状态下的驾驶行为 表 5-7

状态 / 影响 / 行为	正常状态	疲劳状态	瞌睡状态
控制车速	加速、减速敏捷	加速、减速时间较长速度较慢	速度变换很慢或干脆不变
行车方向控制	能迅速准确地作出判断,并不断调节操作动作	不能及时迅速地作出调解性操作动作甚至产生错误动作	停止动作
身体动作	操作姿势正常,无多余动作	较多的身体动作,如揉搓颈或头,伸懒腰、吸烟、眨眼	睡眠,身体摇晃

一般驾驶 0～2h 为适应新驾驶工作的努力期;2～4h 是驾驶的顺利期;6～10h为出现疲劳期,10h 以后为疲劳加重期;14h 以后为过劳期。所以,长途行车中每隔 2～3h 要休息 10～15min。稍感困倦和无端烦躁就立即打开玻璃窗,呼吸新鲜空气。也可打开收音机,但最好听轻音乐或欢快的歌曲,不要听乏味的、催眠的音乐或球赛的实况转播,因为这容易瞌睡或过多分散注意力。如果这一切都无效果,应靠边停车,下去活动一下身体。如果感到疲劳过度、睡意难以解除,最好睡 20～30min。一般经过短时间睡眠,睡意即可解除。

当驾驶人在单调的道路上驾驶时,他会处于意志薄弱的状态,注意力不由自主地转到与行车无关的事情上,并且会产生一些念头,分散了注意力,对周围情况漠不关心。在交通环境千篇一律的情况下,对大脑皮层某些点的重复性刺激会导致一些神经细胞群呈现抑制状态,从而使驾驶人精神萎靡甚至入睡。如长距离单一的沥青路面容易导致驾驶人昏昏欲睡,此时适当变换彩色路面或景观色彩,可调节、减缓疲劳。驾驶人长时间在路线平直而单调的环境中作简单的重复操作,车辆产生轻微而有节奏的振动,此时由于大脑反复受同样的刺激，使大脑皮层的能量消耗过多，大脑代谢功能降低（此时，乘车人往往已进入瞌睡、甚至睡眠状态），供血不足，也很容易引起驾驶人疲劳，甚至达到昏昏欲睡状态。

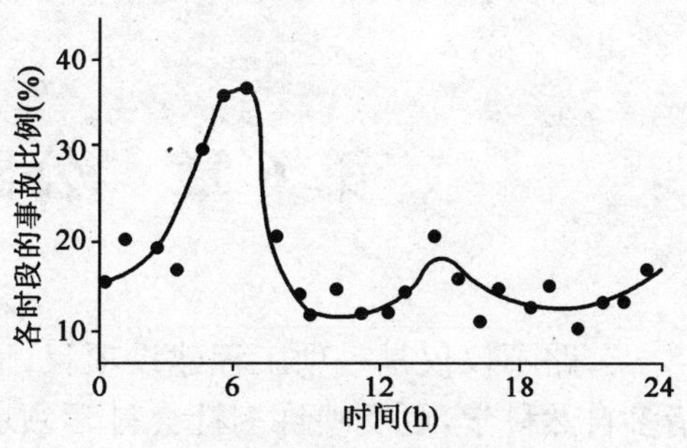

图 5-11　瞌睡事故的时间分布

驾驶人因打瞌睡而发生的交通事故在一天时间中的分布如图 5-11 所示。瞌睡事故的高发时段（23：00～8：00），正是人们每天睡眠的最佳时刻。在这段时间中，人体的许多生理系统随着生物节律的循环周期而进入抑制状态。对此，公路设计应该予以重视。

第6章　公路建筑文化

公路不仅仅是一项工程建设项目，而且是文明的纽带、文化的载体，涉及诸多自然科学，更反映许多社会科学领域，其在满足行车、行人等功能的同时往往与沿线的社会发展、时代风云、商贸经济、建筑风格、人物事迹、文学艺术密切联系，具有鲜明的时代特征和丰富的文化内涵。

本章从公路的文化内涵、公路的文化映射等角度介绍公路建筑文化。

6.1　公路的文化内涵与映射

6.1.1　公路的文化内涵

《辞海》对文化一词的释义："从广义上来说，文化是人类在社会历史实践过程中所创造的物质财富和精神财富的总和。从狭义上来说，文化指社会的意识形态，以及与之相适应的制度和组织机构。"

公路文化是中国文化的重要组成部分。刘文杰主编的《路文化》一书中将中国路文化定义为一种具有特定内容和表现形式的文化形态，它是人们在从事道路规划、建设、管理和使用过程中创造出来的物质文化、制度文化和精神文化的总和。路文化属于交通文化中的专业文化，是交通文化的重要组成部分。

公路文化中的物质文化，属于路文化的物质载体，是人们通过自身的智慧、才能和创造力完成的物质道路形态，具体体现在道路的实用功能价值上，体现在公路建筑群的物质形态、艺术形态等方面。物质是文化的载体，物质文化反映了道路建设的生产力水平和科学技术水平，也反映了道路建设者的文化艺术水平，是人类文明的客观标志。

公路文化中的制度文化，是人们在建设和管理道路过程中为保证物质文化的实现，而根据社会要素、技术要素等制订出来的行为规范和管理模式。中国古代建立的路政管理和维护制度、道路碑记中所记载的工程管理内容，现代道路中具体详尽的工程建设管理体制和相应的制度，新型运营机制和管理模式，都属于路文化中的制度文化。制度文化在培养道路工程技术人才，以技术创新带动科技进步，保证道路建设工程质量方面以及确保道路维护有序、正常服务等方面，具有十分重要的作用。

公路文化中的精神文化，反映了道路建设的主体——人，即道路设计和施工、管理养护者以观念形态表现出的文化。古今道路建造工程中，所体现出的自强不息、顽强拼搏的民族精神；通济利涉、造福于民的民本精神；大道之行、天下为公的公益精神；不畏艰险、知难而进的开拓精神；万众一心、团结协作的团队精神等。这些精神，反映了道路建设者的精神风貌，成为他们取得道路建设成就的内心需求和精神支柱。另外，路文化更深层的精神意义，就是在民族的文化思想中体现了重视联系、沟通的意识，而这种意识，正是文化发展和社会进步的重要条件之一。

由于制度文化、精神文化内容丰富且与管理体制、意识形态和价值观等密切相关，本节不作重点讨论，从公路建设角度仅对物质文化进行介绍。

6.1.2　公路文化的映射

自古以来，公路不仅反映了各个时代、社会的文明，而且反映了建设者或使用者在路域时空内的价值取向，构成了公路的物质文化属性。

公路建设往往展示本土文化，把道路的文化景观与本地乡土文化相结合，展示当地的风土人情，因地制宜，充分结合公路沿线原有的地形地貌、周边的自然环境资源及原有的建筑物等特定条件，进行合理的文化和景观布局。

(1)公路的建筑造型

公路无论从空中俯瞰，还是在其上行驶，都让使用者感觉就像在欣赏一幅长轴的画卷，这就要求在设计上，包括从路线、桥梁到附属设施都需要充分考虑造型问题。造型不局限于平面，也应有立体的。一些公路或桥梁隧道的建筑群、构筑物群、桥头堡博物馆，已经成为公路文化点睛之笔和文化节点。各省高速公路省界处布设的浓厚省域文化气息的建筑具有明显的分界特征。

公路建筑群有时从传统建筑提取符号，传达历史文化信息；有时，采用现代元素构建不同景观空间并同传统造型要素、细部片段的兼容，或设置暗喻。

(2)服务区、收费站的建筑风格

对整体建筑风格和单体建筑的外形、色彩等而言，一方面可体现公路重要的文化属性，在满足功能的前提下，创造出活泼、丰富的空间形式，突出和强化视觉上的效果，提高远距离的接受力。另一方面一些服务区和收费站的建筑使建筑风格统一、协调，局部服从整体，展现了明显区域文化。（如淮水某高速

公路服务区、收费站统一采用“楚汉遗风”的建筑外形与色彩)

风景名胜区的公路服务区、停车区、观景台等可采用观赏植物或雕塑来映射地方特色,同时,还可纳入假山、瀑布、喷泉以及相关诗词歌赋、杂记等人文景观,也可采用相关主题的植物(如竹林、枫树、梅花、菊花等),还可适当点缀些巨型鹅卵石,综合展示地方人文景观和自然景观并作为文脉延续。

(3)艺术雕塑

雕塑可结合当地的风土人情、民间传说、土特产品以至于民族英雄、知名人士等,可为物、可为人。往往有鲜明的色彩、新颖的造型、变化的质感,给人以视觉的刺激,达到新奇、有力、振奋和难忘的效果,可以使之成为当地的有层次的、有纪念的、完善的作品。一般公路经过城镇在城镇出入口采用具有代表性的雕塑展示城市面貌;经过名胜古迹和文化景点,采用特色雕塑群或浮雕可展示人与自然、人与社会的和谐,展示历史与未来。

(4)标志、文字、地名

地名本身体现一种文化,公路一般标示出前进方向、出口方向和出口处的地名,同时许多公路也标示出著名地点、文化圣地、风景旅游区,为驾驶人提供清晰、简捷、准确、及时、齐全的信息,使不熟悉本地区路网的外地驾驶人在标志的引导下,安全顺利地到达目的地。许多地区的标志展示出浓厚的乡土文化和旅游文化属性,很吸引人的眼球,一些民族性地区标志,同时采用汉字和本民族语言(如藏语)表达,彰显了浓厚的民族文化。

(5)串联沿线的文化符号

公路一般除本身的科技内涵外,其文化内涵往往与公路沿线的自然资源和社会文化相连,公路像一根有机的绳索将其经过的自然景观和社会文化资源串联、并联或网络化,形成复合的公路文化体系。其中,自然景观诸如人们所熟悉的地质、地貌、高山、峡谷、丘陵、平原、沙漠、荒原、戈壁、冰川、雪原、洞穴、海洋、河流、湖泊、动物、植物、森林、草原、苔原、气象、气候、日月星空等。社会文化诸如名寺、名窟、名塔、名碑、建筑、雕刻、绘画、文学、历史、音乐、舞蹈等各个不同视角的传统文化艺术、宗教文化等。

(6)建设的公路景观体系

自 2007 年《公路工程基本建设项目设计文件编制办法》增加景观设计篇章后,公路景观已经成为公路建设的重要组成部分之一。公路往往运用环境美学、生态学的设计理念,结合公路沿线地形地貌、自然环境及人文景观,以大尺度、大手笔的规划设计,力求简洁、明快、流畅、通透,并富于动感,因地制宜,造就一条环境优美的景观长廊。

公路景观绿化，多采用仿自然植物群落，上层以常绿高大乔木为主体，中低层适当增加亚乔木和花灌木在形态和色彩上的变化，给人以层次动感，使行车视线在自然错落的植物动态变化过程中得以放松，有效减轻驾驶人的视觉疲劳，可减少交通事故。底层采用低矮灌木和草等，追求环境效益的最佳境界。

有些公路景观比较讲究美学，追求公路和公路附属设施与周围景观的协调。平面布设上采用成块栽植或景观镶边，断面乔木、灌木、草坪，高低错落，并根据季节变化选择物种，有时可做到四季常青、三季有花。不同的地点，像中央分隔带、边坡、互通立交区、服务区、收费站、管理所等，采用不同的景观布设和绿化方式，展示出景观绿化的艺术美学特征。

6.1.3　公路的文化误区

图6-1为公路建设或维护时多次采用诸色彩进行装饰，公路服务区建设色彩凌乱，相应地反映了其服务理念和服务水平的高低；图6-2反映了被人忽视的公路构筑物成为文化遗忘的角落，同样体现了该公路“品牌”建设的水平。

图6-1　色彩凌乱的服务区

图6-2　被遗忘的文化角落

6.2　公路文化串联与映射示例

6.2.1　国道的文化串联（以京拉公路G109为例）

京拉公路是国道网中连接北京和西藏首府拉萨的首都放射线（编号G109），路线全长3 744km，途经北京、河北、山西、内蒙古、宁夏、甘肃、青海、西藏等8个省、直辖市、自治区，沿线主要城市有北京、大同、鄂尔多斯、银川、白银、兰州、西宁、格尔木、那曲、拉萨等，连通了华北、西北、西南，沿途不同性质的文化各具浓郁特色。

从北京出发，首先展示的是太行山水和北方山村文化。其中距离北京100多公里的通往陕、晋和口外的要塞——爨底下村，距今已有400多年历史，是我国首次发现保留比较完整的山村古建筑群，存院落74个，689间房，结构严谨、错落有致的四合院整体精良，布局合理，建筑风格既有江南水乡窗、楼、室等细节、局部处理上的风韵，又有北方高宅大院恢弘整体的气势。石墙山路、门楼院落、影壁花墙，仍能看出当年的精工细作，砖雕、石雕、木雕孕育着古老的民族文化。灰瓦飞檐、石垒的院墙凝重厚实中透着威严，恬淡平和中积淀着深厚的文化。

沿109国道继续西行，从中原燕赵文化区跨到了三晋文化区。晋北地区以大同为中心的佛教文化，从北魏开始已在中华历史上闪光。紧贴着109国道的大同云冈石窟是佛教文化中的一朵奇葩，粗放的运煤车呼啸着从云冈佛像面前穿梭，是两种文化的对照。

伴随着皲裂的黄土高原丘壑，内蒙古109国道沿线带有明显的游牧民族的特征蒙古草原文化区，建筑稀疏、松散、独立，鄂尔多斯郊外草原文明和工业文明交汇相融。

之后，进入宁夏，二过黄河，穿过毛乌素沙漠就是绿洲。绿洲的一头是贺兰山，一头是黄河，绿洲内阡陌纵横，被称作“塞上江南”。一个个村庄被乡间的道路纵横交错地编织在一张被黄河灌溉着的绿色原野上。这里是秦陇文化区的组成部分。公路的两边，汇集有各地的方言，各地的特色。从银川再次经过黄河，经过青铜峡、中宁和白银，驶向兰州，兰州城建在黄河的谷地上。兰州至西宁一路上处处可见工厂和蔬菜大棚。西北的这三座城市：银川、兰州、西宁共同组成109国道中段的经济、文化区，三地在经济文化上也越来越紧密地交流与合作。西宁城外有著名的塔尔寺(藏区黄教六大寺院之一)。

西宁至拉萨称为青藏公路，全长1 937km，翻越日月山、旺尕秀山、昆仑山、风火山、唐古拉山等崇山峻岭，跨越西川河、察汉乌苏河、香日德河、血水河和长江源头的楚玛尔河、沱沱河等河流，通过峡谷、草原、盆地、戈壁、沼泽和冰川及多年冻土地带。全线修建在被称为“世界屋脊”的青藏高原上，平均海拔4 000m以上，其中唐古拉山口海拔高达5 321m，是目前世界上海拔最高、里程最长的高原公路，人称“天路”，成为西藏对外交通的主干线，全藏90%以上的物资运输都仰赖这条“天路”。青藏公路为和平解放西藏而建，由慕生忠将军率领部队、民工于1954年抢修粗通到了拉萨。这条盘桓在世界屋脊上的公路，除了它的战略地位和军事意义外，其开凿史和使用过程，无疑是人类有史以来的一次伟大的创举。而在和严酷的大自然的搏斗中，中国军民身上迸发出的爱国主义、英雄主义和集体荣誉感，以不可思议的神奇力量，在人类无法生存的环境中，创造了一项令世人瞩目的伟大壮举。黑色路面多年冻土、高寒缺氧、生态脆弱，是在“世界屋脊”建设青藏公路面临的几大世界性技术难题。我国公路科技人员历经数十年的勘察、设计和科研、养护管理，成功解决了工程建设和养护中的系列难题，突显了“特别能吃苦、特别能奉献、特别能忍耐、特别能创新”的青藏公路精神。

汽车由西宁到格尔木，可看到不同的自然景观：青稞地、荒地、林地、沙丘、戈壁滩以及一排排傲然耸立像哨兵似的白杨树。109 国道青海湖段，是环青海湖自行车赛的主要路线。格尔木市是内地进入西藏的主要节点，同时也是我国西北重要的工业和资源型城市，钾、钠、镁、锂总储量居全国第一位。离开格尔木向西藏进发，穿过南山口渐渐接近了昆仑山。昆仑山垭口矗立着英雄索南达杰纪念碑。昆仑山就像青藏高原的大门，进了这道门就是曾经的生命禁区。之后进入可可西里无人区。青藏公路工程科研采用的热棒技术，解决了多年冻土地带路基沉降变形与纵向裂缝等难题。整齐排列的热棒形似“林带”(图 6-3)，给这条雪域“天路”增添了一道别致的风景，同时也是工程界科技文明的集中体现。

图 6-3　整齐排列的热棒

穿过长江源头沱沱河，青藏官兵纪念雕塑屹立在唐古拉山口极目远眺，皑皑雪山、厚厚草甸、广袤草原，伴着您翻过唐古拉，踏进西藏。之后经过藏北重镇那曲和地热名城羊八井就抵达拉萨。

拉萨位于青藏高原的中部，海拔 3 650m，站在布达拉宫顶上俯瞰拉萨全城，整个拉萨市区到处是一片片掩映在绿树中的新式楼房，唯八廓街一带飘扬着经幡，荡漾着桑烟。在这里，密布着颇具民族风格的房屋和街道，聚集着来自藏区各地的人们，他们中许多人仍然穿着本民族的传统服装，那仿佛从不离手的转经筒和念珠显然表明佛教文化的存在。

从某种意义上说，109 国道已超越了它的交通、经济、政治意义而成为“凝聚着各种精神文明”的文化之路，吸引着越来越多的中外旅行家。

6.2.2 旅游公路的文化映射(以庐山旅游公路、湖北神宜公路为例)

随着中国经济的发展和生活观念的改变，越来越多的人将旅游作为生活的一部分。而日益发达延伸的公路，也为人们的出行提供了物质条件。因此，在公路建设中融入更多的文化内涵既可提升公路的文化品质，也可塑造人们的公路文化意识，使出行的人们在旅途中获得精神上的愉悦和熏陶。

旅游公路严格意义上也是专用公路的一种，但是与其他专用公路不同，旅游公路所行进的地区大部分是国家自然保护区和世界自然遗产所在区域，公路建设与对文化及环境协调性要求高。下面以庐山旅游公路、湖北神宜公路为例介绍其文化映射。

(1)庐山旅游公路

庐山位于中国江西省北部，北濒长江，南襟鄱阳湖，大江、大湖、大山浑然一体，险峻与秀丽刚柔相济。庐山奇峰叠峙，云海弥漫，既有悬崖峭壁之险，又有清泉飞瀑之奇，最高的汉阳峰海拔 1 474m，素有“匡庐奇秀甲天下”之誉，是中外闻名的避暑胜地，1996 年被列入世界地质公园，并以世界文化景观列入世界遗产名录。

庐山旅游公路位于九江市庐山区境内，起点为威家镇，终点为通远镇，全长 48.70km。

1952 年 7 月，北山登山公路正式开工，至 1953 年 8 月竣工通车。北山公路起点为威家镇，终点为庐山山顶，全长 24km，盘旋于崇山峻岭之中，全线有弯道 429 处，避开了之字形的回头线，利用相连山峦傍山展线，逐渐升顶登山；沿线大部分视野开阔，游人时而可瞭望长江，时而又可远眺鄱阳湖；线路延展在 20 多公里的山峦之间，不是集中在一个坡面上，而是布线于阴阳坡面之间，不仅给人以变幻奇特的景观，而且路的本身就像一条逶迤蜿蜒的“腰带”，环绕于秀丽的山坡上，平添了无限情趣。

1954 年 5 月，在牯岭日照峰下开凿了一条长 88m，宽 5.5m，高 6.4m 的隧道，使庐山南山、北山连通。同时在山顶修建环山公路，沟通了山上的旅游景点和南北交通。1970 年 10 月，庐山南部登山公路开工，次年 7 月通车，至此庐山登山旅游公路全部建成。南山登山公路建成后，从南昌上庐山可不再绕道九江,缩短行车里程30余公里,山南登山公路,法国梧桐、古柏、古杉参天,使公路成为庐山胜景的又一道风景。

庐山山南既建有千年古刹、千年学府等历史文化景观,又分布着李白诗中描绘过的秀峰,陶渊明隐居的桃花源及著名的星子温泉等优美自然景观。但由于道路阻隔,这些分散在山下的景区常成为庐山游客心中的遗憾。2003年11月,作为江西旅游公路重点工程建设项目,全长60km的庐山环南山公路开工,2006年1月建成通车。这条公路采用一级公路标准,双向四车道,路基宽20m,路面宽15m,设计行车速度60km/h。沿线设置石砌安全护墩、安全柱和反光镜,标志标线齐全,路面平整,线形优美,绿化良好。新的环南山公路北起九江荷花垅,沿途经过威家镇、三叠泉、白鹿洞书院、观音桥、星子县城、秀峰、温泉、桃花源等景点,南到通远,与(南)昌九(江)高速公路相接,将庐山山上核心景区与山下众多的新景点联成一线,从而可以让庐山游客轻轻松松游遍庐山景点。

(2)湖北神宜公路

神农架是湖北境内长江与汉水的分水岭,是整个华中地区的"肺",是南水北调中线工程重要的水源涵养地,1980年,神农架成立自然保护区,1986年经国务院批准为"国家森林及野生动物类型自然保护区",1990年被联合国教科文组织接纳为人与生物圈计划"世界生物圈"保护网成员,受到全球环境基金(GEF)资助,成为"亚洲生物多样性保护示范区"。

神农架全境蕴藏着丰富的自然资源,这里不仅有丰富的水能资源和矿物资源,更有稀世的生物资源,可入药的动、植物达2013种;还具有独特的生态旅游资源。神农架保存完好的原始生态与亿万年来形成的亘古地貌,孕育了众多自然景观,境内有奇山异石、奇洞异穴、奇花异草、奇兽异鸟。这里山峰瑰丽,清泉甘洌,风景绝妙,可开展观光览胜、度假休闲、探险猎奇、体育健身、科学考察、科普教育等活动。

神农架据传是华夏始祖、神农炎帝在此搭架采药、疗民疾矢的地方。神农架的奇幻、神秘、引人入胜还在于它拥有一种传奇性动物——"野人"(亦称"雪人"或"大脚怪")。神农架的自然条件和人文背景共同构成了神农架绚丽多彩的画卷,隽秀如屏的群峰,茫茫苍苍的林海,完好的原始生态系统,丰富的生物多样性,宜人的气候,独特的内陆高山文化使神农架成为当今世界人与自然和谐共存的净土和乐园。观原始洪荒之貌,赏幽绿秀野之景,品神农文化之韵,探野人传世之谜,成为神农架旅游的精准概括。

秭归位于长江北岸的卧牛山麓,四周城墙环绕,形似一个倾斜的葫芦,具有浓厚的古典建筑风格，故有“葫芦城”之称；又因城墙均由石头叠砌而成，又叫“石头城”。秭归是“楚大夫屈原故里”和“汉昭君王嫱故里”。秭归还是历史悠久的柑橘之乡。

神宜公路是湖北省首条生态旅游专线公路，是进入神农架核心风景区的唯一南北通道。神(农架)宜(昌)公路起于神农架林区的木鱼镇，止于宜昌市兴山县高阳镇昭君桥，邻近神农架自然保护区、神农坛植物园和三峡珍稀树木园等多个景点，是 209 国道及 209 国道复线的一段，路线全长 52.96km，2006 年 3 月正式开工，2007 年 10 月建成通车。公路建设宜路则路、宜桥则桥、宜隧则隧、半路半桥、悬挑帮衬、桥隧相连，路线布设合理，平、纵、横配合协调；线形顺适、连续，技术指标均衡；避开了老线紧邻的三峡珍稀树木园、易发山体滑坡带、生态敏感区和人口密集区，采用柔性防护技术进行高边坡防护，在隧道中采用半开口棚洞设计，采用新型缆索护栏和太阳能隧道照明技术等；采取了多种绿化方式：路肩式挡墙设绿化种植槽，碎落台和公路两侧喷播植草、栽植灌木或藤本植物，普通高边坡修建挡墙，逐级设置种植槽，种植藤本植物，工程防护与生态防护相结合，较陡岩石边坡悬挂罩面网喷撒泥土后播草籽等；全路段共建 57 处紧急停车带、2 处停车休息区、8 处观景台，以方便旅客下车观景；实现了“路景相融、自然神宜”的建设目标。

“神宜”不仅是这条公路起始点地名的标志，还暗含“神怡”之意。神宜路沿途有美人王昭君、诗人屈原的故里，有圣人神农氏、传说中的野人活动留下的踪迹，还有自然天成的“橘香”、“茶韵”、“峡幽”、“石趣”、“木秀”、“水灵”等景观。建设者将公路与这些元素有机结合，使神宜路成为溯源香溪、探秘神农、寻梦百里画廊的公园式通道。采用“避、清、封、露、绣”等多种方法，充分展示旅游生态公路鲜明的特色。注重公路与自然景观的协调并与沿线的历史人文景观——“美、诗、圣、野”(美人王昭君、诗人屈原、圣人神农、传说中的野人)有机地联为一体，打造“路在林中展，溪在路边流，车在景中行，人在画中游”的神宜公路生态新景观，将公路建设与生态环境、历史文化背景巧妙结合，让旅游者在赏景中品出特色文化。

金秋时节，驱车行驶在“美、诗、圣、野”荟萃的神宜路上，清澈的香溪河陪伴着公路向深山延伸，满目都是青枝绿叶红果的柑橘林，如诗如画的醉人景色美不胜收，令人心旷神怡。

第 7 章　公路建筑与环境

广义的环境包括自然环境和社会环境。道路交通环境要素为道路交通工具和人员作业过程中的自然环境要素和社会环境要素的全部，包括道路几何特征、地理、地质、水文、土壤、水资源、矿产资源和野生动物、大气、阳光（灯光）、周围建筑、城市村镇、植物以及车辆和人员等，也包括道路作业人员中相互关系及与区域社会的关系等。

本书提及的环境虽涉及自然环境和社会环境，但本章除特别注明外均指自然环境。

多年来，对公路环境问题多数认为公路建设对环境影响较大，然而客观地分析，公路建设局部影响了自然环境，但极大地改善了社会环境和人们的生活、生存环境，促进了经济和社会发展，加之现代公路十分重视生态环境建设，这样部分公路建设了优良的生态环境并进行示范，发挥了相应的生态效应，改变了以往认识上负面影响大的误区。

基于一些认为公路建设对环境负面影响大的误区，公路建设中往往一涉及环境就认为需要保护，容易忽视了对环境的功能性设计。本章从系统的道路环境分析，立足于系统的环境设计（不仅仅是目前的环境保护设计），包括热湿环境、光环境、空气环境、声环境和水环境、生态环境等方面，其中光环境问题已在前文论述，这里不做重复。

7.1　湿 热 环 境

湿热环境不仅是公路建筑群设计的主要内容，也是影响公路行为人各种行为的环境特征。

7.1.1　湿热环境与人的反应

1）湿热环境的基本参数

湿热环境是建筑环境中最主要的内容，主要反映在空气环境的湿热特性上。

湿热环境的构成要素有温度、湿度、辐射和气流(对应传导、蒸发相变、辐射和对流四种湿热交换方式)四要素。这里主要介绍温度、湿度和风等基本参数。

(1)温度

地球大气温度来自于太阳的热辐射,其变化直接与日照变化有关。气温在一年中的四季变化称之为“年变化”,每天的昼夜变化称之为“日变化”。年变化一般按太阳高度角变化而变化,夏季因为太阳高度角大,阳光的照射时间长,气温较高;冬季则相反。气温除了受太阳辐射强度、日照时间和地理纬度的影响外,还与当地的自然条件有关。一般海拔每升高 100m 气温下降0.5～0.6℃。

(2)湿度

人体舒适度、建筑物中的冷凝、天气状况和水的迁移等问题都取决于湿度,空气中的潮湿寒冷会影响材料的强度、材料的烘干、工序操作以及设备耐久性。湿度主要取决于空气中的水蒸气含量。空气中水蒸气的最大含量比例大概是 5 %。

相对湿度是指 $1m^3$ 的空气中所含水蒸气量与相同温度时空气所含饱和水蒸气量之比(RH),单位是%。一般,气温上升,空气的饱和水蒸气量增高,相对湿度就降低(图 7-1)。所以表现为早晨相对湿度高,午后相对湿度低。湿度的变化随气候和地貌特征而变化,又受植物、水面散发的水汽影响。

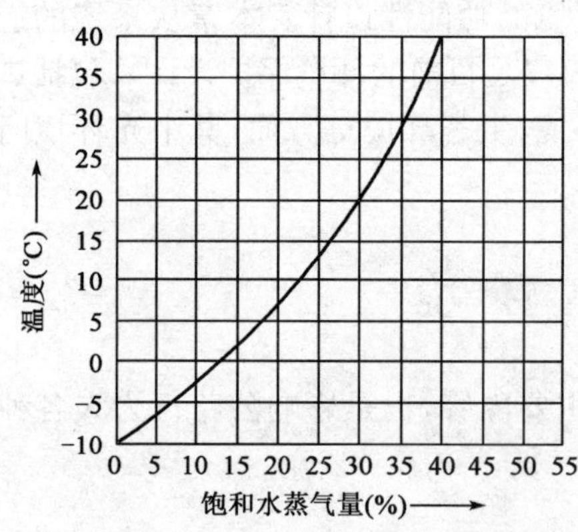

图 7-1　温度与饱和水蒸气量的关系

空气中的湿气将影响人体舒适。建筑材料的湿气含量(气体或水分的含量)直接影响耐久性、强度和热传导系数等。当饱和水蒸气的温度高于露点温度时以湿气状况存在,低于露点温度时,其表现为结露。结露一般常见于温差较显著的场合,如冬季玻璃内侧极易结露。

(3)风

地球表面由于气压不同,高气压的大气流向低气压,由其气压差产生的空气流动,即称之为“风”。风与气压和高度直接相关。风向按气象原理可分为 16 个方位,风速是指风每秒所流动的距离,单位为 m/s。在垂直高度上,风速与地表物(如建筑等)的高度成抛物线正比关系,即:

$$\frac{v}{v_0}=\left(\frac{h}{h_0}\right)^{\alpha} \tag{7-1}$$

式中：$\frac{v}{v_0}$——某高度上的风速比；

$\frac{h}{h_0}$——自地面以上的高度比($h>h_0$)；

α——系数，实验取值 0.2；实测取值 0.5。

风速通常按蒲福氏风级表(Beaufort scale)将风速分为 0～12 十三级，见表 7-1。

风　级　　表 7-1

风　级	名　　称	大 陆 表 象	风速(m/s)
0	静风(calm)	烟直、风静	0～0.5
1	极轻风(light air)	依风向烟有动，但风向器不动	0.6～1.7
2	轻风(slight breeze)	扑面有感觉，树叶动	1.8～3.3
3	微风(gentle breeze)	树叶及树枝不断摇动，旗摇动	3.4～5.2
4	和风(moderate breeze)	有沙尘起飞，小树枝摇动	5.3～7.4
5	疾风(fresh breeze)	茂盛树摇动，湖面见波	7.5～9.8
6	维风(strong breeze)	大树枝摇动，电线有风鸣，无法张伞	9.9～12.4
7	强风(moderate gale)	全树摇动，步行困难	12.5～15.2
8	疾强风(fresh gale)	小树枝断折，步行不可能	15.3～18.2
9	大强风(strong gale)	建筑物有轻损害	18.3～21.5
10	全强风(whole gale)	树根拔起，建筑损害多	21.6～25.1
11	暴风(storm)	建筑物损害大	25.2～29.0
12	飓风(hurricane)	较前更强	29.1 以上

风压是指有一定风速的风对垂直面上发生的压力值。风压与风速之间符合下列函数关系：

$$p=kv^2 \tag{7-2}$$

式中：k——常数；

v——风速。

当风吹向建筑一侧，在其背后形成风阴影(可通过风洞实验测得)，风阴影长度为 $6H$(建筑物高为 H)左右，风阴影的最大矢高为 $1.5H$ 左右，如图 7-2 所示。

风通过建筑洞口(或房屋门口)时,风可以加大人体散热量和除湿,将有害物质带走,表 7-2 给出了风速对人体影响的情况。

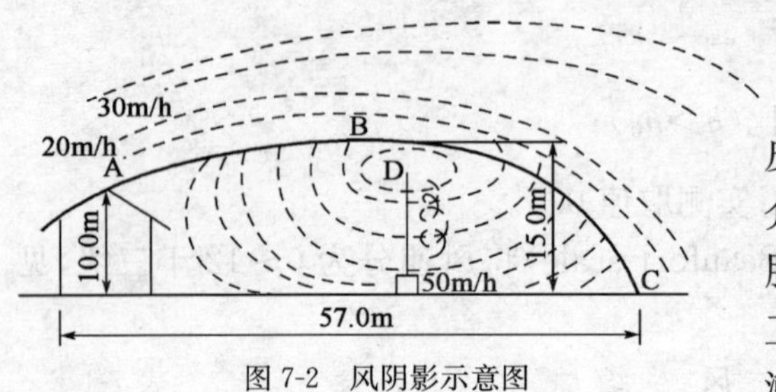

图 7-2 风阴影示意图

2)人体对湿热环境的反应

人体的热湿环境是从人体的皮肤表面开始,向外扩展到周围介质,包括呼吸的空气、穿的衣服、人体健康和舒适所必需的人工冷、热源,气候形成的冷、热和潮湿,太阳辐射。从皮肤表面通过辐射、对流、传导或蒸发等方式进行的湿热交换。一般,气温 25~28℃、相对湿度 50%~70%之间时,人体感觉较舒适。

风速对人体及作业的影响 表 7-2

风速(m/s)	对人体及作业的影响
0~0.25	不易觉察
0.25~0.5	愉快,不影响工作
0.5~1.0	一般愉快,但应提防薄纸被吹散
1.0~1.5	稍有风声及令人讨厌之吹袭,草面纸张吹散
1.5~7	风击明显,薄纸吹扬,厚纸吹散;若维持良好的工作及健康条件,需改正适当的风量及控制风的路径

气温对人体的热调节起着重要的作用,当空气温度低于 21℃时,人不出汗。在气温开始升高时,皮肤温度升高,从而使辐射和对流散热增加;随着气温增高,出汗量逐渐增多。气温继续增加时使蒸发散热逐渐成为主要的散热方式。

(1)人体与外界的热交换

人体大部分体内热能够通过皮肤的辐射、传导和对流等方式散发到外界,一小部分则随呼吸和排泄物而发散。传到皮肤表面的代谢热,必须通过辐射、对流、衣服的传导,以及蒸发散发出去。这些热交换过程,首先是受环境的物理特征(即温度、湿度、风速、衣着、气压等)的影响;其次是受皮肤表面的两种物理特性(即由于体温调节而出汗所造成的皮肤温度和潮湿度)的影响。

当周围物体表面温度低于体表温度时,体表就不断以辐射方式向周围物体表面散热。周围表面温度高会增加人体的热感,反之会增加冷感。物体表面温度越低,人体以辐射发散的热量就越大。

当皮肤温度高于气温时,与皮肤黏附的空气层很快被加热上升,周围较冷的空气随之补入，形成空气对流，称为对流散热，它主要取决于人体表面温度、人体形状、表面特征和大小，以及气温和吹向体表的气流速度。人体表面与环境的对流换热温差影响了对流换热量，周围的空气流速影响了对流热交换系数；气流速度大时，会提高汗液的蒸发速率，人体的对流散热量增加，因此会增加人体的冷感。对人体起主要热交换作用的是高于 0.2m/s 风速的人工对流和低风速的自然对流。

当气温在 28～30℃ 以下人体安静时，体表不断蒸发的水分通常察觉不到，称为不显性出汗。人体不显性出汗速度约为 20～30g/h。人体除了对外界有显热交换外，还有潜热交换，主要是通过皮肤蒸发和呼吸散湿带走身体的热量，决定于空气相对湿度的大小与空气流速。相对湿度越高，空气中的水蒸气分压力越大，人体皮肤表面的蒸发量越少，蒸发带走的热量就越少。

在高温环境下，空气湿度偏高会增加人体的热感。但是，在低温环境下如果空气湿度过高就会使衣物变得潮湿，从而降低衣物的热阻，强化了衣物与人体的传热，反而会增加人体的冷感。

影响换热的因素，见表 7-3。

影响机体与环境热交换的各种因素　　表 7-3

热交换方式	机体方面的因素	环境方面的因素
辐射	体表平均辐射温度 有效辐射面积与辐射系数	平均辐射温度 太阳辐射与周围环境的反射
对流	体表温度 有效对流表面积 曲率半径与表面状况	空气温度 气流速度与方向
传导	体表面积 有效接触面积	地板温度 固体材料的导热性与热容量
蒸发	体表温度 皮肤潮湿度 皮肤蒸发面积	温度 气流速度与方向

(2)热舒适及影响人体热舒适的因素

人体在一定热环境条件下有两种热反应表达方式：一是生理反应，如体温、心率、血压的变化以及汗液蒸发等；另一是物理反应，如冷、热或不冷不热等主观感觉。

热舒适是一种对环境既不感到热也不感到冷的舒适状态，是人对热环境感到满意的意识状态。这个过程会受到很多因素的影响，大致分属物理、生理等方面，其中在物理参数中，空气温度、气流速度、空气湿度和围护结构被普遍认为是四个主要影响因素。为保持工作者热舒适状态，周围空气温度与围墙温度的差值不得超过±17℃。另外，热舒适与个人有关的因素包括人体的温度、散热、体温调节（新陈代谢）以及衣服的保温性能。

空气流动能为人体提供新鲜的空气，并在一定程度上加快人体的对流散热和蒸发散热，提供冷却效果，使人体达到热舒适；同时空气的流动速度过大也可能导致有吹风感[人们把气流造成的不舒适感觉称为“吹风感（Draft）”]，影响人体的皮肤的触觉感受。尽管在较暖的环境下，吹风并不导致气体热平衡受破坏，但不适当的气流仍然会引起皮肤紧绷、眼睛干涩、被气流打扰、呼吸受阻甚至头晕的感觉，会出现气流增大引起皮肤及黏膜蒸发量增加以及气流冲力产生的不愉快的感觉。

环境湿度对于人体热舒适的影响，主要表现在影响人体皮肤与环境的蒸发热损失方面。当相对湿度保持在40 %～70%范围内时，人体可以保证蒸发过程的稳定。此时，如果空气处于静止状态，则会造成靠近皮肤的空气层水蒸气分压力较大，人体表面蒸发受阻，从而导致不适。湿度过低，人体皮肤因缺少水分而变得粗糙甚至开裂，人体的免疫系统也会受到伤害导致对疾病的抵抗力大大降低甚至丧失。湿度过高，不仅影响人体的舒适感，还为环境中的细菌、霉菌及其他微生物创造了良好的生长繁殖条件，这些微生物容易导致上呼吸道或消化道疾病。在高温环境中，如其相对湿度高于70%，常常会引起人体的不适，而且这种不适感随空气湿度的增加而增加。在高温时，人体主要依靠蒸发散热来维持热平衡，此时相对湿度的增高，将妨碍汗液的蒸发。当温度高、湿度大尤其是风速小时人会感到“闷热”；当温度高、湿度小时人会感到“干热”。

一定程度的热瞬变没有影响人的热感觉，从一个环境进入另一个温湿度不同的环境所造成的影响仅仅发生在初始几分钟内。

在非常寒冷的气候中，影响人体热损失的主要因素是空气流速和空气温度。可把这两个因素综合成一个单一的指数，称为风冷却指数，表示在皮肤温度为33℃时某一皮肤表面的冷却速率。风冷却指数不同，对应人体的生理效应也不同，人体的生理效应可为愉快、凉、冷、很冷、巨冷、肌肉冻僵、不能忍受。

7.1.2 公路建筑群的湿热环境

1）建筑群朝向与日照环境

我国主要位于北半球，图7-3展示的是北半球山的各个方向在小气候方面的差异。山的西坡是夏天最热的地方。山的北坡背对太阳，因而相对其他方向也最为寒冷，山顶刮风最多。山脚地区一般比山坡上要冷一点，因为冷空气下流后，都在那里聚积。在寒冷地区，山的南坡日照最强，来自北方的冷风被山所阻挡，因此，公路建筑群不宜建在多风的山顶和冷空气聚积的低洼地带。在炎热干燥地区，应建在冷空气聚积的低洼地带。如果冬天非常冷，可建在山南谷地。如果冬天比较温和，就建山的北面或东面，不宜建在山的西面，以避开夏天下午炙热的阳光。

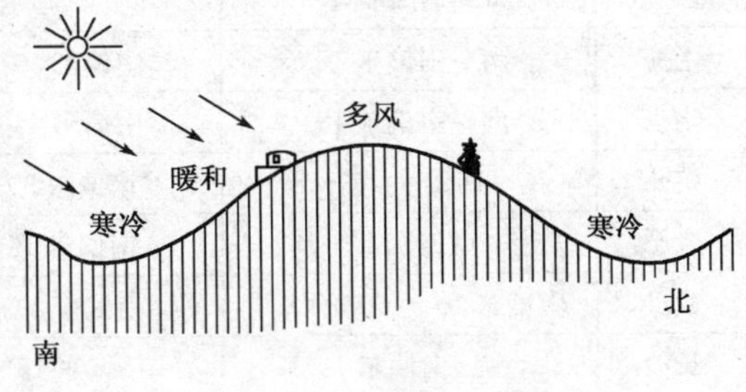

图 7-3　小山周围的小气候

建筑朝向（建筑物主立面或正面的方位角）选择的原则是冬季能获得足的日照。一般服务区、收费站等均是正面朝向公路修建的，东西走向的公路可以提高建筑采光的效果，适合冬季日照采暖和夏天避热的需要，最大限度地满足了冬天从南面采集阳光的需要，在夏天的早晨和下午，也最大限度地遮蔽了从东、西边低射下来的阳光炙烤。如图 7-4 所示。

当公路沿东南西北或西南东北对角线走向时，如图 7-5 所示，则可以把建筑转向正南方向，以获得良好的日照方位，对冬天采光和夏天遮阴有利。

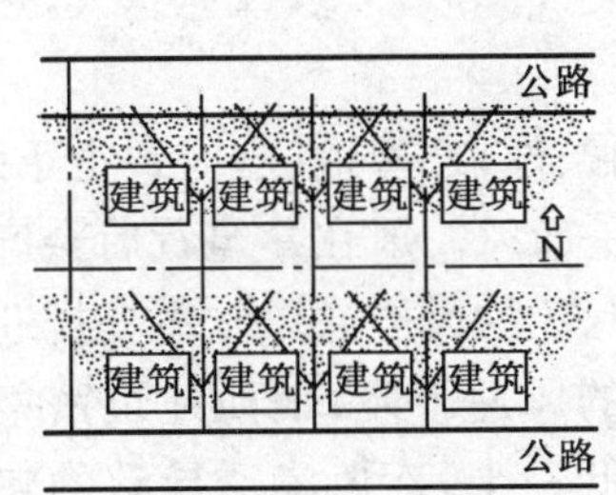

图 7-4　东西走向公路

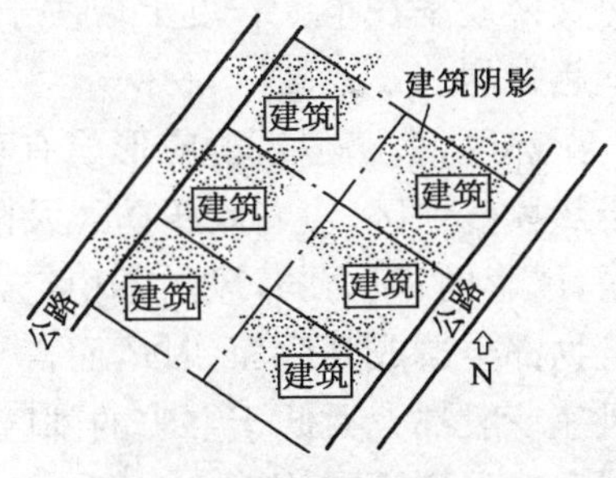

图 7-5　沿对角线修建的公路两旁的朝南建筑

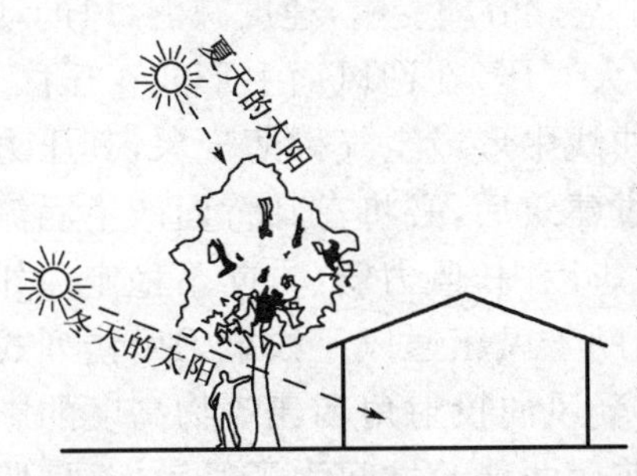

图 7-6　屋前大树夏季遮光和冬季采光

太阳光的采集与利用应根据地球绕日的运动规律进行设计，表 7-4 为部分夏热冬冷地区最佳或适宜的建筑朝向。一般，可采用太阳窗让有用的阳光照到屋里来。在气候炎热的地方，则需要对夏天炙热的阳光进行遮挡，可采用用葱郁的树木遮挡阳光。如图 7-6 所示。

夏热冬冷地区部分地区最佳和适宜的建筑朝向 表 7-4

地　区	最佳朝向	适宜朝向	不宜朝向
上海	南～南偏东 15°	南偏东 30°～南偏西 15°	北,西北
南京	南～南偏东 15°	南偏东 25°～南偏西 10°	西,北
杭州	南～南偏东 10°～15°	南偏东 30°～南偏西 5°	西,北
合肥	南～南偏东 5°～15°	南偏东 15°～南偏西 5°	西
武汉	南偏东 10°～南偏西 10°	南偏东 20°～南偏西 15°	西,西北
长沙	南～南偏东 10°	南偏东 15°～南偏西 10°	西,西北
南昌	南～南偏东 15°	南偏东 25°～南偏西 10°	西,西北
重庆	南偏东 10°～南偏西 10°	南偏东 30°～向偏西 20°	西,东
成都	南偏东 20°～南偏西 15°	南偏东 40°～南偏西 30°	西东

此外,建筑群宜避开冬季主导风向,兼顾夏季防止太阳辐射与暴风雨的袭击。

2)公路建筑群风环境

室外风的渗透或通风会带走(或带来)热量,使建筑内部空气温度发生改变。风速的大小会影响建筑结构与室外空气的热交换速率。建筑与周围环境的热交换速率在很大程度上取决于建筑周围大气的风环境,风速越大,热交换也就越强烈。

湿热区,公路建筑群应形成有利于通风的条件;寒冷地区,应致力于防风;在干热风沙地区,应着眼于防风及隔热,而不是通风。风在建筑背后会产生涡流区,风影内,风力弱,风向不稳定,不能形成有效的风压通风。每一排迎风的建筑物都会造成其后面(对风而言)建筑周围的风速下降,因而建筑密集地区的风速一般都大大低于空旷的郊区。风速降低一半,冷风渗透导致的热量损失就会减少到原来的 1/4 左右。如图 7-7 所示。

当风吹到建筑物上时,在迎风面上,由于空气流动受阻,速度减弱,风的动压变为静压,即建筑物迎飞面上的压力大于大气压,在迎风面上形成正压区。在建筑的背风面、屋顶和两侧,由于在气流曲线中形或空气稀薄现象,其压力小于大气压,形成负压区(图 7-8)。当风吹过建筑后,必将在其背面产生涡流区,涡流区在地面上的投影又称风影。在风影以内,风力弱,方向不稳定。如果房屋位于其他建筑的风影以内,则不能借助于风压通风。如果采用错列式布置,可以削弱风影的影响。风影长度主要受风向投射角和建筑物高度的影响,风从正面次向建筑时,风影长度最大。前后两建筑之间为了避免挡风,所需的间距约为前栋建筑高度的4倍。

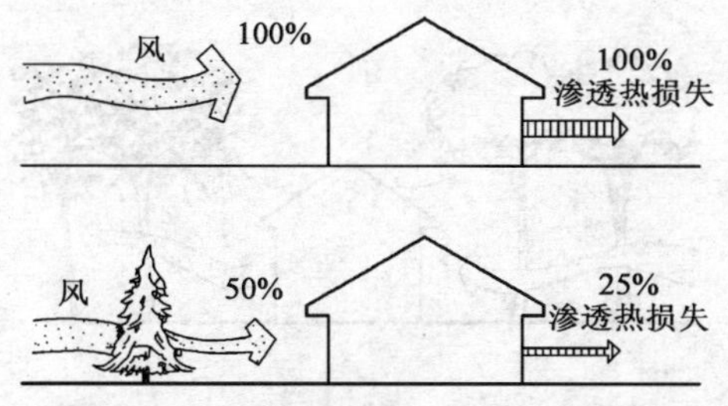

图7-7 风速降低热损失明显减少

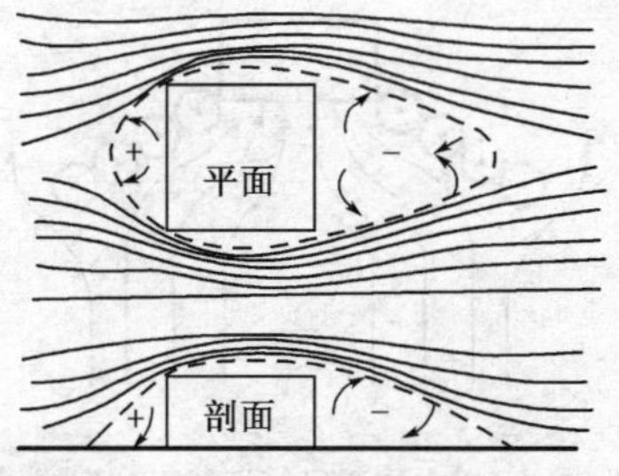

图7-8 风吹过房屋的气流状况

可以通过三种方法有效地降低风速：①使气流往上偏转；②使气流成为湍流；③通过摩擦力吸收能量。建筑物属于实心的防风屏障，可以使气流向上偏转或湍流。树木为有空隙的挡风屏障，风经过时会产生摩擦阻力能够很好地吸收能量。一般，防风林的空隙和高度直接影响挡风效果，而阻挡风的距离又与防风林的高度成正比，密的防风林降低风速的程度大，同时也使下风向残留的风少。因此，在面积较小的地方，或者房屋靠近防风林，就应当栽种茂密的防风林。中等密度的防风林最好栽种在稍微远一点的地方，与房屋之间的距离是防风林高度的4倍以上，使之达到较好的防风效果。防风林越高，被防护地带的长度就会越长，见图7-9。为了充分发挥高度优势，防风林宽度应当至少是高度的10倍，见图7-10。

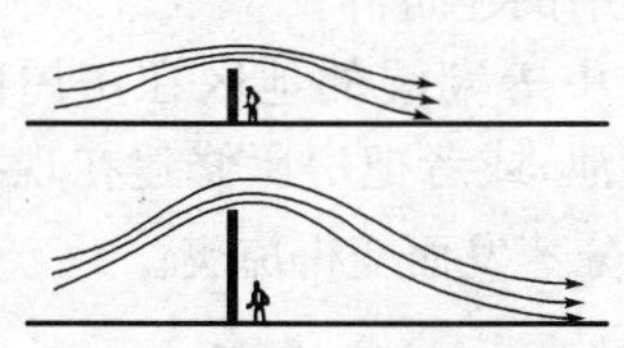

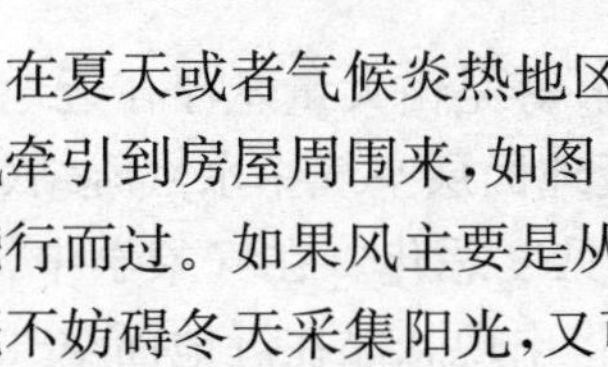

图7-9 防风林越高，被防护地带面积越大

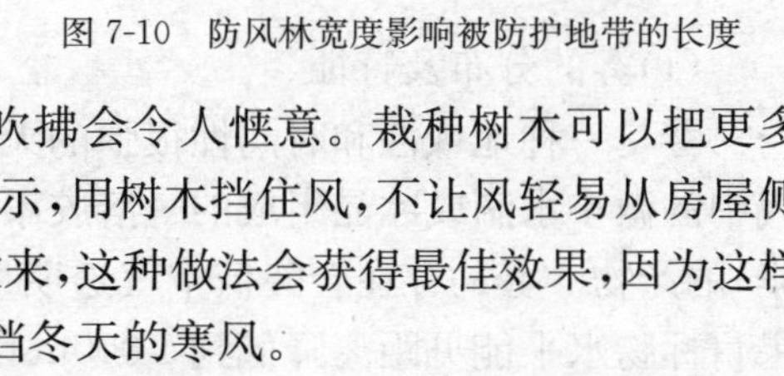

遮风区

遮风区

平面图

图7-10 防风林宽度影响被防护地带的长度

在夏天或者气候炎热地区，微风吹拂会令人惬意。栽种树木可以把更多凉风牵引到房屋周围来，如图7-11所示，用树木挡住风，不让风轻易从房屋侧面绕行而过。如果风主要是从南方吹来，这种做法会获得最佳效果，因为这样做既不妨碍冬天采集阳光，又可以阻挡冬天的寒风。

夏天可以采用树干光秃、上面枝叶茂密的伞形大树来遮阴（图7-12），如果灌木栽种在离房屋较远的地方（图7-13），则有助于夏季空气流通。如果把灌木栽种在大树和房屋之间，正好相反，风就会被偏转，从屋顶上吹过

(图 7-14)。

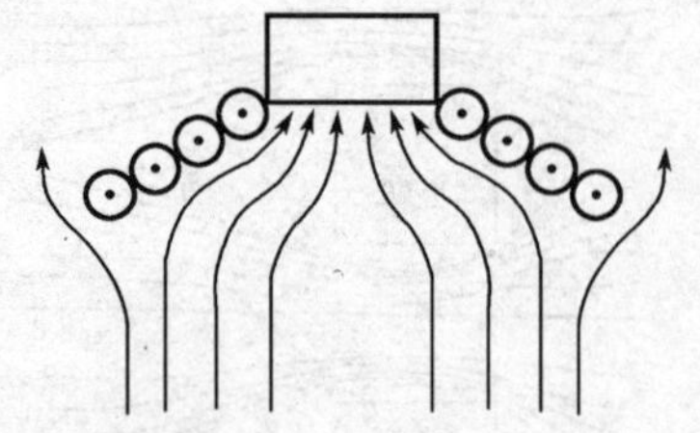

图 7-11　树木作通风筒把风引到房屋周围

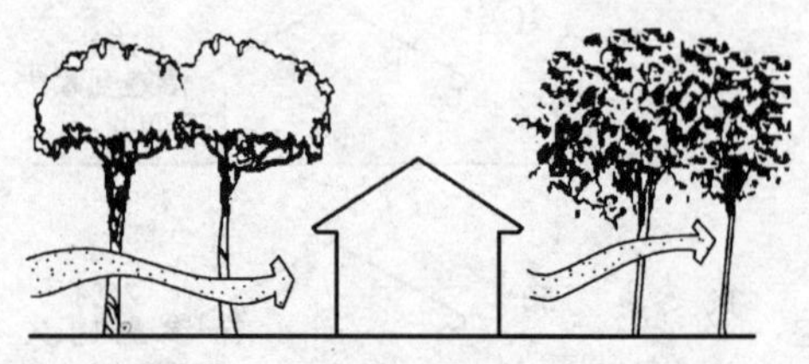

图 7-12　伞形大树有助于夏季凉风通过

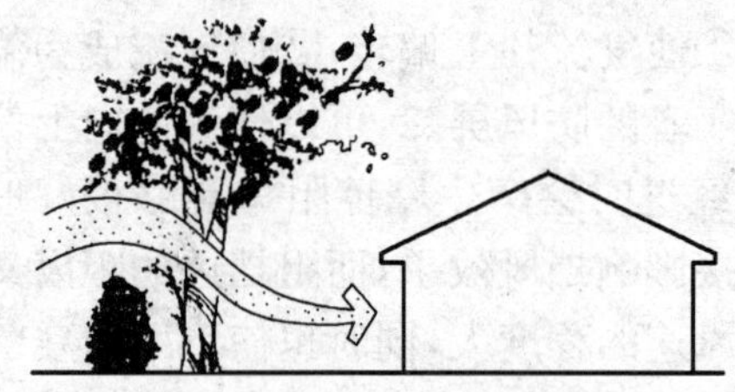

图 7-13　房屋和大树较远的灌木有助于夏季空气流通

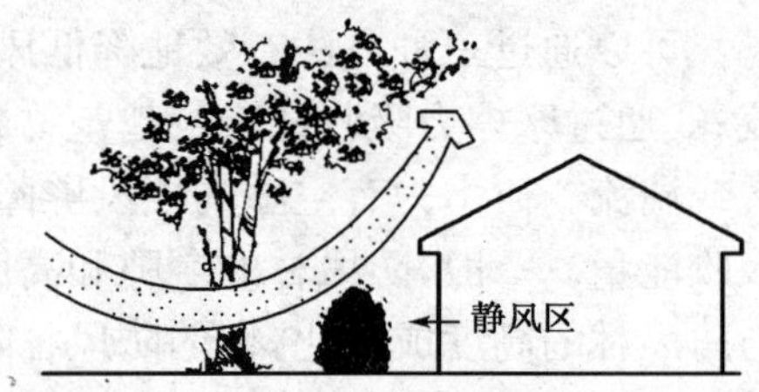

图 7-14　大树和房屋间灌木阻挡冬季的寒风

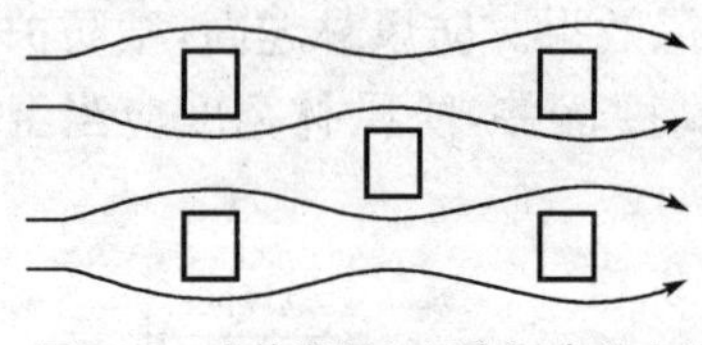

图 7-15　炎热潮湿地区房屋参差交错可加速空气流动

在炎热潮湿、冬天气候温和的地方建筑参差交错修建，可以大大增加吹拂而来的凉风(图7-15)。在气候寒冷的地区，适合修建连接成排或者星形集中的建筑群。

炎热干燥或中等潮湿的地区在房屋的上风向修建一个水池，或者把房屋修建在现有湖泊的下风处，空气在进入房屋以前，就会因为水分蒸发而变得凉爽。

7.1.3　公路雾环境

(1)雾的分布及特征

雾是一种地域性和时间性很强的天气现象。雾是由大量悬浮在近地面空气中的微小水滴或冰晶组成的气溶胶系统，是近地面层空气中水汽凝结(或凝华)的产物。雾的存在会降低空气透明度，使能见度恶化。在气象学中，将如果目标物水平能见距离降低到 1 000m 以内，就将出现悬浮在近地面空气中的水汽凝结(或凝华)物的天气现象称为雾。

雾的形成条件有：大气中有足够的水汽含量；在近地面层存在比较稳定的温度差别；有暖气流流经冷的地表面；地面存在强烈的辐射降温等。

以长江中下游的某高速公路为例，受形成雾的环境条件不同，公路沿线地区出现雾的天数有较大差别。图7-16为该高速公路沿线城市年平均雾日数。16个城市年平均雾日数为35.5d。在安徽省境内因受大别山和南山山脉的影响，桐城、潜山路段出现雾的次数最高，年平均71d，而地处平原的合肥年均雾日数仅有17.8d；在沪宁段沿线年平均雾日数为30.9d，其中上海43.1d；湖北省路段平均雾日为28.1d。

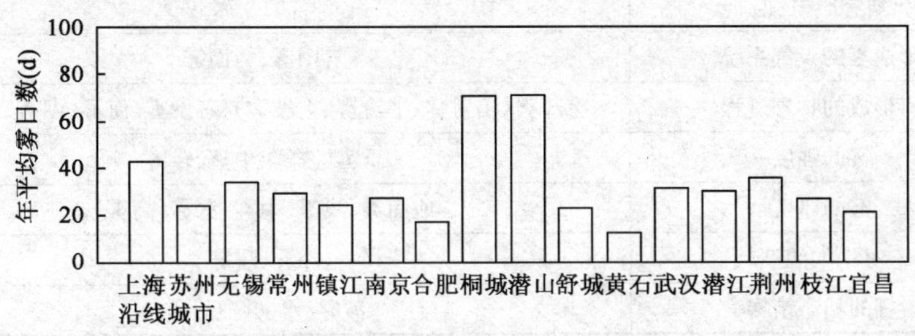

图7-16　某高速公路沿线城市年平均雾日数

以长江中下游一带为例，雾日数有明显的季节变化。冬季（12月～次年2月）雾日出现次数最多，占全年雾日的34%，其次为秋季（9～11月）和春季（3～5月），分别占全年雾日的20%和25%，而夏季（6～8月）出现雾的次数较小，仅为10%。

近地面空气的冷却作用是各种雾形成的必要条件。由于夜间地表面辐射冷却作用形成的雾称为辐射雾；由于暖空气移动到冷的下垫面（地表面、水面）上所形成的雾称为平流雾；湿空气沿斜坡爬升绝热冷却形成的雾称为上坡雾；在暖水面上蒸发的水汽遇到比较冷的空气时达到饱和形成的雾称为蒸发雾，如海雾、湖雾、河谷雾等。

在雾的发生、发展过程中，存在着深厚的逆温层，对雾的形成和长时间维持起着重要作用。在贴地气层辐射冷却率增大、逆温强度突然增大时形成了雾。当雾层增厚时，逆温层开始离开地面，并被抬升到雾顶附近。日出以后，雾顶继续维持着深厚的逆温层，而且逆温强度愈来愈大。午后，在强逆温层作用下如不能形成较强的大气对流运动，因而雾可能尚未能消散，而雾层会聚集在逆温层下形成低云。

(2)环境雾的分类

从物理本质而言，雾与云都是空气中水汽凝结（或凝华）的产物，雾升高离开地面就视其为云，而云降低到地面或云移动到高山或山坡就称为雾。我国学者根据形成雾的过程、厚度、温度、相态等将雾分成不同的种类，见表 7-5。其中，根据雾中能见度，又把雾的强度划分为以下等级：重雾（能见度小于 50m）；浓雾（能见度在 50～200m 之间）；中雾（能见度在 200～500m 之间）；轻雾（能见度在 500～1 000m 之间）。其中能见度小于 200m 的浓雾和重雾对公路交通运输产生明显影响。

雾的种类及其划分依据　表 7-5

划分根据	名称
形成雾的天气系统	气团雾、锋面雾
雾形成的物理过程	冷却雾（辐射雾、平流雾、上坡雾）、蒸发雾（海雾、湖雾、河雾）
雾的强度	重雾、浓雾、中雾、轻雾
雾的厚度	地面雾、浅雾、中雾、深雾（高雾）
雾中的温度	冷雾、暖雾
雾的相态结构	冰雾、水雾、混合雾

(3)环境雾的微观量与能见度的关系

雾持续时间越长对交通影响（如关闭公路）越大，对公路沿线经济活动和民众出行的干扰也越大。

在雾天，光线被雾滴散射，一部分入射的可见光偏离原来的轨迹而削弱其原有光通量，模糊了或减小了目标与背景的差异与亮度对比，削弱了引导驾驶员安全行车所必需的视觉信息。这种影响可用能见度或可视距离来描述。雾含水量和雾滴数密度的增大使能见度减小。

7.1.4 路基湿度与路基路面温度场

1)路基湿度

(1)路基湿度的来源和变迁

路基受到各种外界因素的作用而使其湿度发生变化，这些因素（图 7-17）主要有：

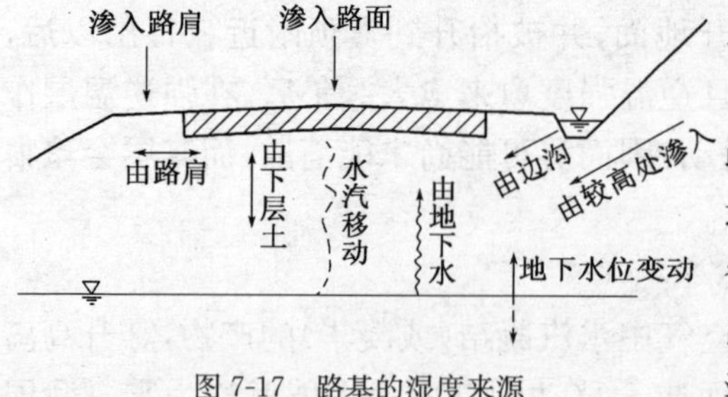

图 7-17　路基的湿度来源

①大气降水和蒸发。降水从路面（透水的或有裂缝的）、人行道、路肩、边坡等渗入路基浸湿其各个部分，蒸发又使其中的水分溢出而促使土基趋向干燥。路基潮湿的程度与降雨量和蒸发量以及

路面的性质和状况有关。

②地面水。地势低洼排水不良时，积滞在道路两则的地面水通过毛细浸湿和渗漏作用进入路基，其数量与积水期长短有关，也同土质有关。

③地下水。地下水位高时，水分因毛细作用从地下水面上升浸湿土基的上层。地下水位随降水和农田灌溉而升降，路基受浸湿的程度便随地下水位的高低和土质而异。

④温度变化。大气温度变化促使路基的温度也发生相应的变化，并造成路基内不同深处的温度出现差异。在温度影响下，土中的水分(或水汽)以液态(或气态)由热处向冷处移动，并积聚(或凝结)在该处，从而使路基内的湿度分布发生变化。特别是在季节性冰冻地区，因负温差的作用而引起的湿度积聚现象更为严重，甚至导致冻胀和翻浆。

⑤给排水设施渗漏。涵洞及公路地下排水管道渗漏等，会引起局部路基湿度增大。

(2)路基潮湿类型的划分

路基的湿度状况对路基的强度、刚度与稳定性有着非常密切的关系。路基的潮湿状况是以干湿类型分为干燥、中湿、潮湿和过湿四类，一般以分界相对含水率 w_0、w_1、w_2、w_3 来区分，也可用路基土的平均稠度 B 来区分。各公路自然区划不同土组的分界含水率见表 7-6，路基干湿类型的划分见表 7-7。用路基土的平均稠度 B 划分的路基干湿类型见表 7-8。

分界相对含水率建议值　　表 7-6

公路自然区划	土组												附注
	砂性土				黏性土				粉性土				
	分界相对含水率												
	$w_0$①	$w_1$②	$w_2$③	$w_3$④	w_0	w_1	w_2	w_3	w_0	w_1	w_2	w_3	
$\text{II}_{1,2,3}$ II_{1a}，II_{2a}	0.45	0.70	0.75	0.80	$\frac{0.45}{0.50}$	$\frac{0.50}{0.55}$	$\frac{0.60}{0.65}$	$\frac{0.70}{0.75}$	0.50	$\frac{0.55}{0.60}$	$\frac{0.60}{0.65}$	$\frac{0.70}{0.75}$	黏性土：分母适用于 $\text{II}_{1,2,3}$ 区 粉性土：分母适用于 II_{2a} 副区
$\text{II}_{4,5}$	0.45	0.75	0.80	0.85	0.45	0.50	0.60	0.70	0.50	0.55	0.65	0.75	
Ⅲ	0.40	0.70	0.78	0.85	—	—	—	—	0.45	$\frac{0.50}{0.55}$	$\frac{0.60}{0.65}$	$\frac{0.70}{0.75}$	分子适用于粉土地区，分母适用于粉质亚黏土地区

续上表

公路自然区划	土组												附注
	砂性土				黏性土				粉性土				
	分界相对含水率												
	$w_0$①	$w_1$②	$w_2$③	$w_3$④	w_0	w_1	w_2	w_3	w_0	w_1	w_2	w_3	
Ⅳ	0.50	0.65	0.75	0.80	0.50	0.60	0.65	0.75	0.55	0.60	0.65	0.75	—
Ⅴ	—	—	—	—	0.50	0.57	0.70	0.75	0.55	0.60	0.70	0.75	—
Ⅵ	0.40	0.70	0.78	0.85	0.45	0.55	0.63	0.70	0.45	0.55	0.65	0.75	—
Ⅶ	0.40	0.65	0.73	0.80	0.45	0.55	0.63	0.70	0.45	0.55	0.65	0.75	—

注:①w_0——干燥状态路基常见下限相对含水率。

②w_1——干燥和中湿状态路基的分界相对含水率。

③w_2——中湿和潮湿状态路基的分界相对含水率。

④w_3——潮湿和过湿状态路基的分界相对含水率。

路基干湿类型 表7-7

路基干湿类型	路基平均相对含水率 w 与分界相对含水率的关系	平均稠度	一般特性
干燥	$w_x < w_1$	>1.00	路基干燥稳定,路面强度和稳定性不受地下水和地表积水影响,路基高度 $H > H_1$
中湿	$w_1 < w_x < w_2$	0.75~1.00	路基上部土层处于地下水或地表积水影响的过渡带区内,路基高度 $H_2 < H < H_1$
潮湿	$w_2 < w_x < w_3$	0.50~0.75	路基上部土层处于地下水或地表积水毛细影响区内,路基高度 $H_3 < H < H_2$
过湿	$w_x > w_3$	<0.50	路基极不稳定、冰冻区春融翻浆,非冰冻区软弹,路基经处理后方可铺筑路面,路基高度 $H < H_3$

注:①地表积水是指不利季节积水20d以上。

②H_1、H_2、H_3 分别为干燥、中湿、潮湿状态的路基临界高度。

对原有道路,路基的平均相对含水率 w_x 一般应在不利季节实地测定路基上部80cm范围内每10cm土层的含水率 w_i,并按式(7-3)求得算术平均相对含水率,再由式(7-4)算出此深度范围内的路基平均相对含水率 w_x。

土基干湿状态的稠度分界　　表7-8

干湿类型	各干湿状态的稠度分界	特　征
干燥	土质砂：$w_c \geqslant 1.20$ 黏质土：$w_c \geqslant 1.10$ 粉质土：$w_c \geqslant 1.05$	土基干燥稳定，路面不受地下水或地表积水的影响，路床顶面距地下水位或地表积水水位的高度 H_0 大于路基临界高度 H_1
中湿	土质砂：$1.20 > w_c \geqslant 1.00$ 黏质土：$1.10 > w_c \geqslant 0.95$ 粉质土：$1.05 > w_c \geqslant 0.90$	土基上部土层处于地下水或地表积水影响的过渡区内，路基高度：$H_2 < H_0 \leqslant H_1$
潮湿	土质砂：$1.00 > w_c \geqslant 0.85$ 黏质土：$0.95 > w_c \geqslant 0.80$ 粉质土：$0.90 > w_c \geqslant 0.75$	土基上部土层处于地下水或地表积水毛细影响区内，路基高度：$H_3 < H_0 \leqslant H_2$
过湿	土质砂：$w_c < 0.85$ 黏质砂：$w_c < 0.80$ 粉质土：$w_c < 0.75$	路基极不稳定，冰冻区春融翻浆，非冰冻区湿软土基需经处理后方可铺筑路面； 路基高度：$H_0 \leqslant H_3$

注：H_1、H_2 和 H_3 分别为干燥、中湿和潮湿状态的路基临界高度。

$$\overline{w} = \frac{\sum w_i}{8} \tag{7-3}$$

$$w_x = \frac{\overline{w}}{w_\gamma} \tag{7-4}$$

路基土的稠度 B 由式(7-5)求得：

$$B = \frac{w_L - \overline{w}}{w_L - w_P} \tag{7-5}$$

式中：$\overline{w}$——路基上部80cm深度内算术平均含水率；

w_y——用76g平衡锥测得的液限，$w_y = 6.3 + 0.67 w_L$；

w_L——用100g锥测得的液限；

w_P——土的塑限。

(3)土基水温状况变化对工程的影响

土基的刚度及稳定性受其水温状况(主要是湿度状况)的影响很大。

土基的湿度有着季节性变化和地区件差异的特点，这些特点必然反映到土基的刚度(抗变形能力)上，使土基的刚度也发生季节性变化，并存在着地区性的差异。因而，在确定土基的刚度时，应选择在最不利季节进行测定；若在非不利季节时测定，其数值应换算到最不利季节时的数值。

当土基的水温状况不佳时，在季节性冰冻地区会造成冻胀和翻浆的现象，在南方非冰冻地区则会造成土基过分湿软，从而该路基土的刚度在某个时期过分降低，导致路面在行车作用下迅速发生破坏。为了避免产生上述病害，或在发生后处治好这类病害，必须采取一些适当的工程措施，以调节土基的不利水温状况。

2）*公路路基路面温度场*

对于路面结构来说，长度和宽度方向均较结构层厚度大，由大气进入路面表面的热流，向路面结构的深处传导。可以近似地假设热量仅向深处的一维热传导；由于路面各结构层材料的导热性能差别不很大，因而可近似地将路面结构简化为均质半无限体。按上述假设，路面的温度场可由均质半无限体的一维热传导偏微分方程确定：

$$\frac{\partial T(z,t)}{\partial t} = \alpha_{\mathrm{T}} \frac{\partial^2 T(z,t)}{\partial z^2} \tag{7-6}$$

$$\alpha_{\mathrm{T}} = \frac{\lambda}{\rho_{\mathrm{c}} S_h} \tag{7-7}$$

式中：$T(z,t)$——距路表深度为 z(m)和时间为 t(h)的温度(℃)；

α_{T}——导温系数($\mathrm{m^2/h}$)；

λ——路面材料的导热系数[W/(m·℃)]；

ρ_{c}——路面材料的密度($\mathrm{kg/m^3}$)；

S_{h}——路面材料的比热[kJ/(kg·℃)]。

多层路面体系的温度场，由于各结构层材料具有不同的热特性参数，须为各层分别建立热传导方程。例如，对于第 i 层路面结构层，其热传导方程为：

$$\frac{\partial T_i(z,t)}{\partial t} = \alpha_{T_i} \frac{\partial^2 T_i(z,t)}{\partial z^2} \tag{7-8}$$

3)*沥青面层温度的估算*

(1)美国沥青协会(AI)法

美国沥青协会采用维特查克(Witczak)导出的公式估算沥青面层的月平均温度(MMPT)：

$$\mathrm{MMPT} = \mathrm{MMAT}\left(1+\frac{1}{z+4}\right) - \frac{34}{z+4} - 6 \tag{7-9}$$

式中：MMAT——月平均气温(℃)；

z——路面表面下的深度(in，1in＝2.54cm)。取 $z=1/3$ 面层厚度处的温度作为该面层的代表温度。

(2)壳牌(Shell)方法

壳牌沥青路面设计方法根据气温和沥青层的厚度推算沥青面层的等效温度。

4)水泥混凝土路面最大温度梯度的估算

对水泥混凝土路面,依据各温度观测点的测定数据,最大温度梯度经验预估可通过逐步回归分析可建立二元或一元的回归关系式(面层厚度以 22cm 为例):

$$T_{g,m}=0.086+0.0034\Delta T_{\alpha}+0.0002675Q \quad (r=0.845, s=0.103) \tag{7-10}$$

$$T_{g,m}=0.109+0.0002723Q \quad (r=0.843, s=0.104) \tag{7-11}$$

式中:$T_{g,m}$——最大温度梯度(℃/cm);

ΔT_{α}——日气温差(℃);

Q——太阳日辐射量(J/m^2)。

依据一维热传导方程和路表热流函数,可推演得到最大温度梯度的理论预估关系式(面层厚度以 22cm 为例):

$$T_{g,m}=0.0135\Delta T_{\alpha}+0.0002556Q\left(\frac{12}{t_d}\right) \tag{7-12}$$

式中:t_d——日照时间(h)。

现行《公路水泥混凝土路面设计规范》(JTG D40—2011)中对各自然区划混凝土面层厚 22cm 时的最大温度梯度推荐值,列于表 7-9。面层为其他厚度时,按表 7-10 中所列的厚度修正系数 α_h 修正最大温度梯度值。

各公路自然区划最大温度梯度推荐值　　表 7-9

自然区划	Ⅱ,Ⅴ	Ⅲ	Ⅳ,Ⅵ	Ⅶ
$T_{g,m}$(℃/cm)	0.83～0.88	0.90～0.95	0.86～0.92	0.93～0.98

注:①海拔高时取高值、空气湿度大时取低值。

②面层厚度为 22cm。

不同面层厚度的最大温度梯度修正系数 α_h　　表 7-10

面层厚度(cm)	16	18	20	22	24	26	28	30	32	34	36	38	40
α_h	1.17	1.11	1.05	1.00	0.94	0.89	0.84	0.79	0.75	0.71	0.67	0.63	0.59

5)路基温度场与冰冻指数

一般情况下路基温度场的理论分析模型服从均质半无限体热传导方程。

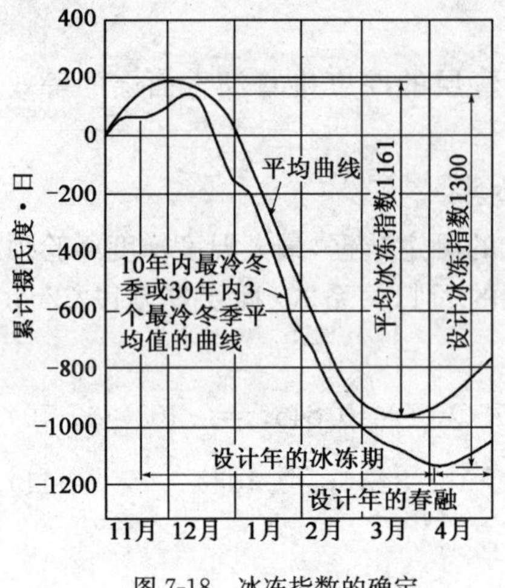

图 7-18　冰冻指数的确定

冰冻指数是指在冬季气温累计摄氏度·日与时间的对应曲线上，最高和最低点之间的度·日数，见图 7-18。摄氏度·日定义为日平均气温与 32°F (0°C)之间的差数；当日平均气温低于 32°F 时，摄氏度·日为负数；高于 32°F 时，摄氏度·日为正数。设计时采用的冰冻指数，为 10 年气象记录期间最冷一个冬季的数值，或者为 30 年记录中 3 个最冷冬季的平均值。

冰冻指数反映了低气温(低于冰冻温度)的强度和持续时间的累计影响，它同路基冰冻深度之间存在一定的关系。

7.2　空气环境

7.2.1　带状的空气环境

1)大气及大气稳定度

自然状态的大气由多种气体的混合物、水蒸气和悬浮微粒组成。当大气层结构不稳定，热力湍流发展旺盛，对流强烈，污染物易扩散，但是全层不稳定时，污染不易扩散远处。当大气层结构稳定时，湍流受到抑制，污染物不易扩散稀释，特别当逆温层出现时，通常风力弱或无风，低空烟尘聚集地表，造成严重污染。

大气稳定度是指大气中的某一气团在垂直方向上的稳定程度，与天气现象、时空尺度及地理条件密切相关，我国推荐的修订帕斯奎尔(Pasquill)分类法(简记 P·S)，分为强不稳定、不稳定、弱不稳定、中性、较稳定和稳定六级，它们分别表示为 A,B,C,D,E,F。夜间大气稳定度一般为中性、较稳定或稳定类；阴天或大风时(风速大于 6m/s 时)的大气稳定度一般为中性稳定度；强不稳定类一般出现在白天、晴天和风速小于 2m/s 的情况；稳定类一般出现在夜间、晴天和风速小于 3m/s 的情况(表 7-11)。

大气稳定度分级　　表7-11

地面风速（距地面10m处）(m/s)	白天太阳辐射			阴天的白天或夜间	有云的夜间	
	强	中	弱		薄云遮天或低云大于或等于5/10	云量小于或等于4/10
<2	A	A～B	B	D		
2～3	A～B	B	C	D	E	F
3～5	B	B～C	C	D	D	E
5～6	C	C～D	D	D	D	D
>6	D	D	D	D	D	D

气体污染物进入大气后，一面随大气整体飘移，同时由于湍流混合，使污染物从高浓度区向低浓度区扩散稀释。

2）车辆排放的空气污染物

某种程度上，公路是一个带状的且流动的大气污染排放源，车辆排放的空气污染物主要有一氧化碳（CO）、氮氧化物（NO_x）、碳氢化合物（HC）、微粒物质（TSP）等，这些能影响人们的身体健康。

相比于城市道路，高速公路对周围的空气污染要轻一些。城市道路车辆尾气排放一般分担率分别为65%（CO），50%～60%（NO_x），而高速公路（以小车车速为100km/h，其他车辆约为80km/h为例）交通量3681辆/日时，车辆排气对环境影响以NO_x最大，其次是CO，HC较小，分担率分别为86.6%、12.3%和1.2%，而一般公路（如小车车速为50km/h，交通量3678辆/日）尾气中CO和HC均较高，大致为高速公路的1.25倍和1.32倍，NO_x却较低，仅为0.24倍。

3）公路边污染物浓度分布及影响因素

公路两侧机动车排出的污染物浓度分布受排放源、气象条件和公路构造物几何参数等影响。

当公路路基高度为3.0m，公路与风向垂直，设置大气为Pasquill大气稳定分类的不稳定（B类）、中性（D类）和稳定（E类）条件，公路下风向一侧标准化污染物浓度随距离的变化如图7-19所示，可见，公路机动车排放污染物浓度在路边附近高，距离公路越远污染物浓度越小。

由于不稳定条件对应大气强湍流运动，有利于尾气的扩散，加之机动车污染物排放源很低（一般距地0.5 m），在公路边形成地面高浓度，而在稳定大气条件下，路边浓度相对不稳定大气的情况低。在距离路边超过 100m 时，大气稳定度的分类对污染物浓度分布的影响很小。

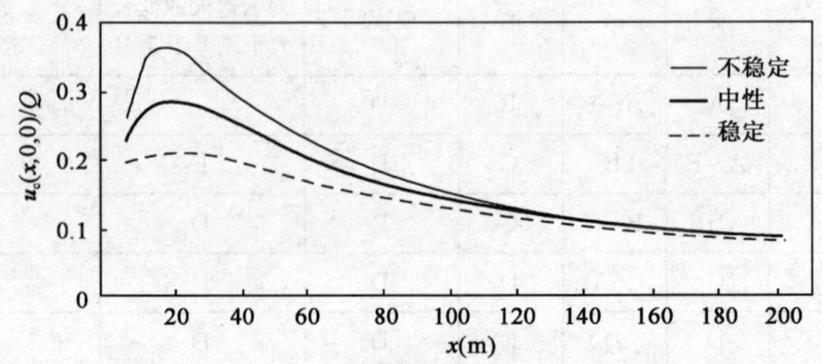

X–与公路的距离，$U_c(x,0,0)/Q$–公路下风向–侧标准化污染物浓度，其值为各类污染的总量预测值与公路线源排放强度的比值。

图 7-19　不同大气稳定度下尾气的浓度（风向与公路走向垂直）

当路基高度 Z_s(m)分别为 0.0、2.0、4.0、6.0 和 8.0 时，风向与公路垂直、环境条件为中性大气稳定度，公路下风向一侧污染物浓度分布见图 7-20，可得到：在公路附近，路基高度显著影响下风向污染物浓度的分布。路基越低，路边浓度越高。随着路基高度的增加，路边下风向一侧污染物浓度逐渐降低。

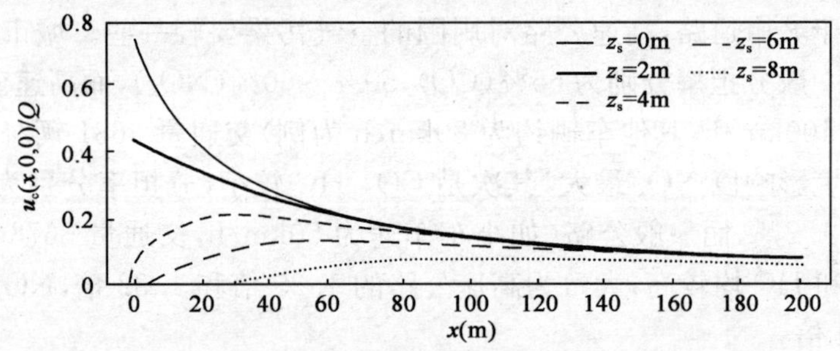

图 7-20　不同路基高度的污染物浓度

4）热岛效应

热岛效应指因其下垫层和人类活动的影响，气温比其周围地区偏高的现象。公路热岛效应形成的原因主要有：

(1)公路各种机动车辆消耗燃料，产生大量能量，传给大气。

(2)公路下垫层以砂石、水泥和沥青等材料为主，这些材料热容量、导热率比自然界的下垫层要大得多，而对太阳光的反射率低、吸收率大；因此在白天，下垫层表面温度远远高于气温，其中沥青路面可高出气温 8～17℃；此时下垫层的热量主要以湍流形式，推动周围大气上升流动，形成"涌泉风"，并使局部区域气温升高；在夜间下垫面层主要通过长波辐射，使近地面大气层温度上升。公路建筑群的服务区停车场，如全部铺装，可能产生明显的热岛效应，夏天明显有热浪感。

(3)公路下垫层一般封闭、保水性差，水分蒸发散耗的热量少。

(4)大气污染使得局部区域空气质量下降，粉尘、SO_2、NO_x、CO 等含量增加，致使局部区域大气吸收较多的红外辐射而升温。

7.2.2　公路带状环境空气污染防治

对公路工程而言，公路的铺装所形成的热岛效应和机动车排放的污染等是不可避免的环境问题，行车功能需求和燃料消耗是客观存在的，然而人们可以采用浅色路面代替热岛效应强的黑色路面，采用保水性强的新材料增加蒸发耗热，也可以局部构建或利用水域调节大气微环流，可以采用光、电和燃料形成复合能源或替代能源，减少或缓解热岛效应和污染。当然，从公路线形上，可以通过优化线形组合在满足行车功能和安全等的基础上，实现低排放的效应。

营造绿色通风系统对公路而言是十分重要的、效果明显的、简单可行的。公路宜结合景观绿化设计，选择有吸附或净化能力、适合当地气候、土壤条件的草木、灌木和乔木栽植绿化林带减轻汽车尾气污染。在用地许可时，可种植多层次的绿化林带。需要注意的是景观绿化要形成一定的通风系统，以减轻热岛效应的形成。

7.3　声　环　境

7.3.1　噪声及其危害

人能够听到的声音频率范围，大约是 20～20 000Hz。噪声是由各种不同频率、不同强度的声音杂乱、无规律的组合而成，妨碍人们正常的休息、学习和工作的声音，以及对人们要听的声音起干扰作用的声音。公路环境噪声污染，是指所产生的环境噪声超过国家规定的标准，并干扰他人正常生活、工作和学习的现象。

噪声对人体最直接的危害是听力损伤。强的噪声可以引起耳部不适，如耳鸣、耳痛、听力损伤等。噪声超过 90dB，人的听力将受到损伤；噪声超过 70dB，人就不能正常工作；噪声超过 50dB，人就难以入睡。

噪声对人的睡眠影响极大，人即使在睡眠中，听觉也要承受噪声的刺激。

噪声可能会导致多梦、易惊醒、睡眠质量下降等。噪声会分散人的注意力，导致反应迟钝，容易疲劳，工作效率下降，差错率上升。

噪声可能会损害心血管、加速心脏衰老，增加心肌梗塞发病率；可以引起神经功能紊乱、精神障碍、内分泌紊乱；可能会产生头痛、脑胀、耳鸣、失眠、全身疲乏无力以及记忆力减退等神经衰弱症状；可导致消化系统功能紊乱，引起消化不良、食欲不振、恶心呕吐，使肠胃病和溃疡病发病率升高。此外，噪声对视觉器官、内分泌机能及胎儿的正常发育等方面也会产生一定影响。

噪声可能对动物的听觉器官、视觉器官、内脏器官及中枢神经系统造成病理性变化，可使动物失去行为控制能力，出现烦躁不安、失去常态等现象，强噪声会引起动物死亡。鸟类在噪声中会出现羽毛脱落，影响产卵率等。

7.3.2 公路交通噪声特征

公路交通噪声主要来源于：①发动机系统噪声（包括引擎声）；②传动噪声；③轮胎噪声；④车体振动噪声。其中发动机系统噪声包括空气动力噪声（由进气噪声、排气噪声及风扇噪声构成）和发动机表面辐射噪声（由气缸的内燃噪声与发动机机械噪声构成）。

影响公路交通噪声的主要因素包括车辆因素，交通因素（如车种的组成、交通量、车辆运行状况、交通管制等），道路因素（如道路断面、路面材料、路面湿度、线形、纵断坡度、曲线半径、伸缩缝等），环境与气候因素（如道路两侧的建筑物或林地状况、温度、湿度、风速、风向等）。

公路运营期间，噪声具有下述一些特性：

(1)多车道高流量时，一连串的车辆发出的噪声相当于线声源，横向也同样受到声源叠加影响。高流量的公路交通噪声声源是非稳态线声源仅在极特殊情况下，当交通量较少时（如公路工程刚竣工通车初期）是非稳态点声源。

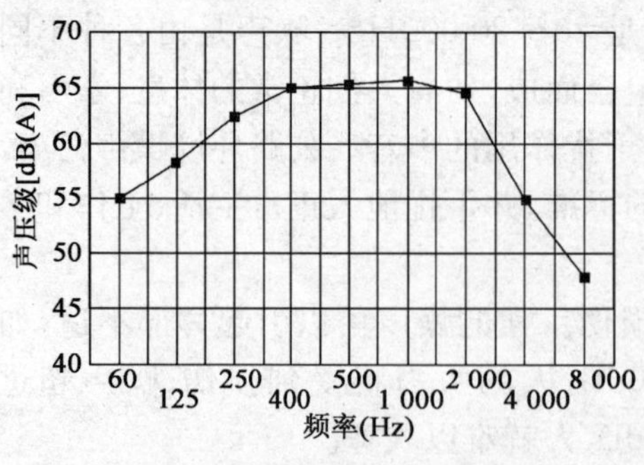

图 7-21 高等级公路交通噪声倍频程谱图

(2)道路交通噪声，随车速变化，其基频也随之变化。一般在货运车的中低速行驶时，其基频在 125～250Hz，而小客车则在 250Hz 以上；当车速上升时，其基频也随之上移至 500Hz 左右。公路交通噪声声波频率范围是 60～8 000Hz，图 7-21为我国高等级公路交通噪声倍频程谱图。如图所示，公路交通噪声声压级峰值频率为 250～2 000Hz。

施工期间，公路作业机械噪声源主要有压路机、推土机、平地机等筑路机械；桥梁和立交区域打桩机等；取土场、弃渣场、土石方量大路段的挖掘机、装载机等；集中搅拌站的搅拌机等，以及临时道路、便道及施工场地之间的自卸式运输车等。

7.3.3　公路交通噪声的控制标准

我国《声环境质量标准》(GB 3096—2008)将声环境功能区分为 0～4 类五种类型，执行的环境噪声限值见表 7-12。

环境噪声限值　　表 7-12

<table>
<tr><th colspan="2" rowspan="2">声功能区类别</th><th rowspan="2">声功能区范围</th><th colspan="2">时段</th></tr>
<tr><th>昼间</th><th>夜间</th></tr>
<tr><td colspan="2">0 类</td><td>康复疗养区等特别需要安静的区域</td><td>50</td><td>40</td></tr>
<tr><td colspan="2">1 类</td><td>以居民住宅、医疗卫生、文化教育、科研设计、行政办公为主要功能，需要保持安静的区域</td><td>55</td><td>45</td></tr>
<tr><td colspan="2">2 类</td><td>以商业金融、集市贸易为主要功能，或者居住、商业、工业混杂，需要维护住宅安静的区域</td><td>60</td><td>50</td></tr>
<tr><td colspan="2">3 类</td><td>以工业生产、仓储物流为主要功能，需要防止工业噪声对周围环境生产产生严重影响的区域</td><td>65</td><td>55</td></tr>
<tr><td rowspan="2">4 类</td><td>4a 类</td><td>为高速公路、一级公路、二级公路、城市快速路、城市主干路、城市次干路、城市轨道交通(地面段)、内河航道两侧区域，需要防止交通噪声对周围环境产生严重影响</td><td>70</td><td>55</td></tr>
<tr><td>4b 类</td><td>为铁路干线两侧区域，需要防止交通噪声对周围环境产生严重影响</td><td>70</td><td>60</td></tr>
</table>

村庄原则上执行 1 类声环境功能区要求，工业活动较多的村庄以及有交通干线经过的村庄(指执行 4 类功能区要求以外的地区)可局部或全部执行 2 类声环境功能区要求；集镇执行 2 类声环境功能要求；位于交通干线两侧一定距离内的噪声敏感建筑物执行 4 类声环境功能区要求。

声环境敏感点一般指学校、医院、疗养院、城乡居民聚居区和有特殊要求的地区，需要防治公路交通噪声、施工作业噪声对声环境的污染。

7.3.4　声环境保护对策

公路交通噪声应采用“主动式”防治，综合考虑公路线位，以避绕声环境敏感点为最佳措施。必要时应进行路线调整与噪声防治措施的综合比选，即路线调整与采取措施之间技术、经济及环境效益的比较。在公路线形设计许可范围内，可结合工程条件进行技术经济分析，调整线位，增大公路距环境敏感点的距离，减缓公路交通噪声影响。线位调整的距离应依据公路交通噪声预测结果，参考预测的路边交通噪声级，按距离倍减量 3.0～4.5dB 计算；公路中心线距居民聚民区宜大于 100m，距医院、疗养院、学校宜大于 200m。对于那些规模较小的学校等敏感点，搬迁新建亦不失为可行的措施。

根据环境敏感点的性质、位置、规模、当地条件及工程特点，依据公路交通噪声预测结果，对超标的环境敏感点应进行防治，对暂时未超标但随着交通量的增长可能超标的可采取分期实施方案。防治对策主要有：

(1)调整公路线位。

(2)堆筑工程弃方。

(3)建筑物设置隔声设施。

(4)设置声屏障。

(5)栽植绿化林带。

(6)拆迁临近公路一侧建筑物或调整其使用功能。

7.4 水 环 境

7.4.1 水资源与公路水污染

1)水资源与水体污染

水是地球表面最主要的天然组成物质，水是生命的源泉，是人类生活、生产的最重要的自然资源，也是自然生态系统繁荣昌盛的最重要的依赖因素。

水体是海洋、湖泊、河流、沼泽、水库、地下水的总称。水体的使用功能有生活饮用水、渔业养殖水、农田灌溉水等，同一水域有时兼有几种功能。

我国的水资源总量并不贫乏，约为 28 124.4 亿 m^3，其降水量为 60 000 亿 m^3 左右，相当于全球陆地总降水量的 5%，占世界第三位。多年平均地表径流量为 27 115 亿 m^3，年均地下水资源量为 8 288 亿 m^3。但由于我国人口众多，按人均年径流量计，仅为每人每年 2 400m^3，相当于世界人均占有量的1/4，位于世界各国的第 88 位，因此，我国水资源相当贫乏。此外，我国水资源还存在水量在地区、时程分布上不平衡，又由于水体污染和过度开发，使得局部地区水资源枯竭现象严重。

水在循环过程中，不可避免地会混入许多杂质(溶解的、胶态的和悬浮的)。在自然循环中，由非污染环境混入的物质称为自然杂质或本底杂质。社会循环中，在使用过程中混入的物质称为污染物。

由于人类活动排放出大量的污染物，这些污染物质通过不同的途径进入水体，使水体的感官性状（如色度、味、浑浊度等）、物理化学性质（如温度、电导率、氧化还原电位、放射性等）、化学成分（有机物和无机物）、水中的生物组成（种群、数量）以及底质等发生变化，水质变坏，水的用途受到影响，这种情况就称为水体污染。

2）公路交通水污染

公路交通水污染主要有生活污水、洗车油污、路面地表径流污染等。

（1）生活污水与洗车废水

公路服务区、收费站和管理所等沿线设施的排水主要以生活污水为主，其中公路服务区的污水主要来源于服务区内的厕所、办公楼、浴室、餐厅、住宿等配套设施，当然有餐厅厨房的洗涤排水、洗浴用水、卫生间的冲洗水等，主要成分为化学需氧量 COD、生化需氧量 BOD_5、氨氮、油脂等，其特征是水质比较稳定、色度和浑浊度高、具有恶臭，通常呈微碱性，一般不含有毒有害物质，但营养物质含量较高，并且含有一定数量的细菌（包括病原菌）、病毒和寄生虫卵。

部分公路的服务区和公路养护工区设有洗车、修车、加油等服务，洗车废水所含污染物以泥沙颗粒物、石油类为主，车辆维修站排水则以石油类为主。一般可经隔油池工艺预处理后与生活污水混合进入后续处理设施。

表 7-13 为我国高速公路管理设施污水及浓度的一般范围，其中包括了生活污水和冲洗汽车污水。

我国高速公路管理设施污水及浓度一般值　　表 7-13

污染物	pH	BOD_5 (mg/L)	CODcr (mg/L)	悬浮固体 SS (mg/L)	氨氮 (mg/L)	石油类 (mg/L)	动植物油 (mg/L)
管理中心、收费站	6.5～9.0	200～250	400～500	500～600	40～140	2～10	15～40
服务区	6.5～9.0	400～600	800～1 200	500～600	40～140	2～10	15～40

（2）地表径流

与公路交通有关的地表径流包括公路设施场地地表径流和路面径流。公路施工场地地表径流所含污染物以泥沙颗粒物为主。一般而言，公路路面径流所含污染问题较城市道路路面径流轻微。

公路路面径流所含污染物与车辆运输及周围环境状况有关,污染物主要来源于车辆废气、车辆部件磨损、路面磨损、运输物洒落以及大气降尘,污染物主要成分为固体物质、有机物、重金属和无机盐等,所含有机污染物 COD 与 BOD_5 的比值约为 6∶1,可生物降解性较小,其处理应以物理法处理为主。降雨初期 120min 路面径流中污染物浓度平均值见表 7-14。

路面径流中污染物浓度测定值 表 7-14

项　目	SS	石　油　类	CODcr
120min 平均值(mg/L)	100	11.25	107

表 7-15 是西安至临潼高速公路路面径流某次水质的测试结果,从表中数据可以看出,SS 和 COD 排量加权平均浓度均超过《污水综合排放标准》(GB 8978—1996)一级标准的要求。

我国公路路面径流水质测试结果 表 7-15

污　染　物	西安至临潼高速公路	
	径流期间的瞬时浓度范围	流量加权平均浓度(EMC)
SS(mg/L)	126～813	347
COD(mg/L)	58～412	167
总 Pb(mg/L)	0.05～0.77	0.23
总 Zn(mg/L)	0.15～1.34	0.45

一般条件下,公路路面径流不会对水体和土壤造成大面积的污染。但当公路距自然保护区、水源保护地、水产养殖区或水质有特殊要求的水体较近时,应考虑路面径流对水环境的影响,路面排水不能直接排入这些水体,必要时可采取路面径流污染治理技术进行处理后达标排放。

(3)运输事故水体污染风险

公路上运输有毒有害或易燃易爆等危险品是不可避免的,其风险主要表现在因交通事故和违反危险品运输的有关规定,使被运送的危险品在运输途中突发性发生逸漏、爆炸、燃烧等,一旦出现将在很短的时间内造成一定面积的恶性污染事故。运输危险品等有害货物的车辆在跨越水体的桥梁以及居民集中大型村镇等环境敏感点的重要路段发生交通事故后,可能对水体、村镇周围环境产生破坏性污染。

根据调查资料结合预测交通量,对敏感路段发生危险品运输事故风险概率及对这些区域产生破坏性污染的可能性预测可按下列经验公式计算：

$$P=R\times Q\times L\times D\times K_1\times K_2 \tag{7-13}$$

式中：P——主要路段危险品运输事故污染事故概率(次/年)；

R——同类地区高速公路交通事故率(次/百万车公里)；

Q——预测交通量(百万辆/日)；

D——每年的天数，按365(天/年)计；

L——敏感路段里程(km)；

K_1——运输危险品占货运量的比率(%)；

K_2——货运占总交通量的比率(%)。

工程设计中，需对运输事故水体污染风险采取工程措施和管理措施进行防范，并制订紧急预案。

7.4.2　水环境质量标准

我国现行的相关地表水环境质量标准有：

(1)《地表水环境质量标准》(GB 3838—2002)，适用于全国江河、湖泊、运河、渠道、水库等具有使用功能的地表水水域(表7-16)。

地表水环境质量标准　　表7-16

评价因子	pH	COD_{Cr} (mg/L)	BOD_5 (mg/L)	石油类 (mg/L)	氨氮 (mg/L)	总磷 (mg/L)	SS (mg/L)
Ⅰ	6~9	≤15	≤3	≤0.05	≤0.15	—	—
Ⅱ	6~9	≤15	≤3	≤0.05	≤0.5	≤0.1	≤25*
Ⅲ	6~9	≤20	≤4	≤0.05	≤1	≤0.2	≤30*
Ⅳ	6~9	≤30	≤6	≤0.5	≤1.5	≤0.3	≤60*

注：*为水利部《地表水资源质量标准》(SL 63—1994)。

(2)《海水水质标准》(GB 3097—1997)，适用于近海功能区。

(3)《渔业水质标准》(GB 11607—1989)，适用于单一渔业保护区、鱼虾产卵场水域。

(4)《农田灌溉水质标准》(GB 5084—1992)，适用于城市污水、工业废水用作农田灌溉用水。

(5)《生活饮用水水源水质标准》(CJ 3020—1993)，适用于城乡集中式生活饮用水的水源水质(包括各单位自备生活饮用水的水源)。

(6)《景观娱乐用水水质标准》(GB 12941—91),适用于以景观、疗养、度假和娱乐为目的的江、河、湖(水库)、海水水体或其中一部分。

其中,《地表水环境质量标准》规定,地表水水质依据地表水水域环境功能和保护目标,按功能高低依次划分为五类:

Ⅰ类:主要适用于源头水、国家自然保护区。

Ⅱ类:主要适用于集中式生活饮用水地表水源地一级保护区、珍稀水生生物栖息地、鱼虾类产场、仔稚幼鱼的索饵场等。

Ⅲ类:主要适用于集中式生活饮用水地表水源地二级保护区、鱼虾类越冬场、洄游通道、水产养殖区等渔业水域及游泳区。

Ⅳ类:主要适用于一般工业用水区及人体非直接接触的娱乐用水区。

Ⅴ类:主要适用于农业用水区及一般景观要求水域。

《海水水质标准》规定,海水水质分为三类:“第一类适用于保护海洋生物资源和人类的安全利用(包括盐场、食品加工、海水淡化、渔业和海水养殖等用水),以及海上自然保护区。第二类适用于海水浴场及风景游览区。第三类适用于一般工业用水、港口水域和海洋开发作业区等。”《海水水质标准》同时规定:“工业废水、生活污水和其他有关废弃物,禁止直接排入规定的风景游览区、海水浴区、自然保护区和水产养殖场水域。在其他海域排放污染物时必须符合国家和地方规定的排放标准。”

此外,《生活饮用水卫生标准》(GB 5749—2006)规定:“取水点上游1000m至下游100m的水域,不得排入工业废水和生活污水,其沿岸防护范围内不得堆放废渣,不得设立有害化学物品仓库、堆栈或装卸垃圾、粪便和有毒物品的码头,不得使用工业废水或生活污水灌溉及使用持久性或剧毒的农药,不得从事放牧等有可能污染该段水域水质的活动。”《中华人民共和国水污染防治法》第二十条规定:“禁止在生活饮用水地表水源一级保护区内新建、扩建与供水设施和保护水源无关的建设项目。”

一般,公路沿线设施污水的处理程度及排放应根据受纳水体的功能确定。按照《污水综合排放标准》(GB 8978—1996)的规定,沿线设施污水不得排入《地表水环境质量标准》中Ⅰ～Ⅱ类水域、Ⅲ类水域中划定的保护区和游泳区及《海水水质标准》中一类海域。排入《地表水环境质量标准》Ⅲ类水域(划定的保护区和游泳区除外)和排入《海水水质标准》中二类海域时,应处理达到《污水综合排放标准》一级标准,排入《地表水环境质量标准》中Ⅳ、Ⅴ类水域和排入《海水水质标准》中三类海域时,应处理达到《污水综合排放标准》二级标准。

7.4.3　水环境保护对策

1)水资源保护对策

公路建设中关于水资源的保护和综合利用越来越得到重视，尤其体现在干旱地区的水资源保护和综合利用、水资源保护区的环境污染预防以及公路区域降雨收集和排水的综合利用等方面。

要协调水资源短缺与公路发展的问题，一方面要在公路勘察设计阶段即对公路路线走向与地下水资源、地表水系的相互影响进行统筹考虑，选择合理的路线方案，在施工过程中有效实施水土保持工程措施及公路绿化措施，减少对地表径流形态及地表水体水文条件的影响；另一方面要根据地表水体的使用功能及公路施工废水、生活污水、路面径流等的排放去向，采取相应的科学合理的治理措施，有效保护水资源。

对地下水资源，一方面，合理选线，尽量避免公路通过地下水资源易受影响的地区，或者以桥梁代替高填深挖路基，并尽可能减少隧道掘进对地下水的影响。另一方面，公路挖方路段如果位于地下水水位线以下则会导致路基边缘及开挖的山坡出现渗水，会引起地下水位的变化，使地下水资源减少的同时，引起一系列生态环境的不良变化，生态破坏的后果又使得地表土壤保水能力下降，失去涵养水源的功能，形成恶性循环。工程建设中应注意地下水资源及其涵养水源的岩土的利用与保护，局部地区应加强渗水的综合利用或者回用。地表污染径流等可能渗入生活饮用水的地下水源时，应对设置的排水构造物进行防渗处理。

对地表水资源，公路工程首先考虑尽可能减少对地表径流自然状态的影响，尽量不改变地表水体的水文条件。其次，高路基的阻隔作用将使原有地表径流的汇水流域发生改变，应尽量多设横向过水通道；第三，对于河流路段，尽量减少土壤侵蚀和水土流失，预防下游河道淤塞，避免工程及弃渣侵占河道以及其他影响河流的过水断面、流量、流速等水文条件，从而避免引起冲刷动能增大，加速河岸侵蚀，引发洪水等不良灾害。

许多地区开展了公路污水处理技术研究与降雨收集和排水的综合利用技术研究，初步形成了地表水资源与水环境保护的综合技术，工程中应加强这些技术的推广应用，尤其在西北地区干旱少雨、但雨量集中地区，水资源的综合利用技术更应引起足够的重视。北方缺水地区，采用污水处理后回用的方式有利于水资源保护，值得推广。

2)公路污水处理对策

(1)干厕和化粪池

在干旱、半干旱地区建设的公路施工营地或已建成的公路服务设施内,如果常住人口(施工人员)较少,或者由于缺水、污水排放去向受限制、污水后处理困难等无条件配备水冲厕所,可以因地制宜修建干厕(旱厕)。

相对于干厕而言,化粪池适用于水冲式厕所排水或设有厕所的建筑排水的处理。目前我国一些高速公路沿线的附属如服务区、收费站、管理区等处的生活污水处理中,多数采用化粪池处理或预处理。化粪池的投资低、管理方便,但出水一般难以达到《污水综合排放标准》的相关要求,因此采用化粪池处理后直接排放的污水应注意排放去向是否符合国家和地方的相关环保要求。

化粪池主要去除污水中的悬浮物,常将化粪池与其他工艺相结合。

(2)双层沉淀池

双层沉淀池具有使污水沉淀,并将沉淀的污泥同时进行厌氧消化的功能。

(3)生物塘

当道路服务设施附近有取土坑(或洼地)可以利用时,可将取土坑(或洼地)作为生物塘。生物塘可以作为化粪池或双层沉淀池的后续处理,也可单独使用。污水在塘内经较长时间的停留和储存,通过微生物(细菌、真菌、藻类、原生动物等)的代谢处理污水。生物塘可分为好氧塘、兼性塘、厌氧塘和曝气塘四种。

(4)活性污泥法

该法在污水中打入空气,维持水中有足够的溶解氧,为微生物创造良好的条件,经过一段时间后,就会产生褐色絮花状的泥粒。在泥粒中,除了微生物外,还有无机物和分解的有机物。微生物和有机物构成活性污泥的挥发性部分,它占全部活性污泥的70%~80%,具有很强的吸附和氧化分解有机物的能力。污水中的悬浮固体和胶状物质被活性污泥吸附,而污水中的可溶性有机物被活性污泥中微生物用作自身繁殖的营养,代谢转化为生物细胞,并氧化成最终产物(主要为CO_2)。而非溶解的有机物通过转化成溶解性有机物,而后才被代谢利用,从而达到污水净化的目的。

活性污泥法按形式可分为很多种,但最具代表性、现行污水处理中使用最为广泛的形式为SBR工艺,即间歇式活性污泥法。SBR的操作模式由进水、反应、沉淀、出水和待机5个过程组成一个运行周期,且是在单一的反应池内进行。在不同的时间上进行各种目的操作,池内设有布水、曝气、滗水、排泥等系统,构成简单、设备投资小,不易产生污泥膨胀,抗负荷冲击性强,处理能力强,适用于大、中型污水处理等工艺特点。

(5)生物膜法

生物膜法是一种通过附着在某种物体上的生物膜来处理废水的好氧处理法。生物膜法从最初的低负荷滤池发展到高负荷滤池、生物转盘、生物接触氧化法。

其中,生物接触氧化法为在生化池中,溶解氧和营养源都充足的条件下,微生物迅速繁殖,在填料上栖息并形成生物膜。污水中的溶解氧和有机物凭借扩散作用,当流经生物膜时被生物膜吸收、利用并氧化分解,最终分解成CO_2,从而达到净化的目的。生物接触氧化法具有占地面积小、污泥产生量少、抗负荷冲击性较强、运行管理方便、动力消耗小、无污泥膨胀问题等工艺特点。应用中接触氧化工艺通过改进,并利用厌氧和好氧结合,产生了A/O工艺,可通过污水、污泥的回流同时达到脱氮、除磷的目的,并对污泥硝化。该A/O工艺在小型污水处理中得到广泛应用,在高速公路污水处理中由于其水量较小,更是得到广泛应用。

3)路面径流水污染处理技术

公路路面径流水污染治理技术可归纳为植被控制、湿式滞留池、渗虑系统及湿地四个方面。一般低等级公路常常采用两侧路基植被渗虑技术。

对条件具备的公路,为防止公路路面径流对地表水体的污染,而同时又不过多增加工程难度和投资,公路路线经过饮用水水源保护区时,路面径流雨水排入该类水体之前应设置沉淀池,或利用天然洼地、池塘、湿地等收集处理路面径流,这种用于沉淀处理路面径流雨水的水体同时可起到防止危险品运输交通事故对敏感水体的污染。

近些年来,发展的路基路面分流处理技术,其体系包括两部分,其一是路基路面排水系统分流技术,通过完善排水系统,将路基路面水进行分流,分别排放,路基水排入自然沟渠,路面水排入设计的沉淀处理池;其二为路面水的处理系统,包括路面水的沉淀—油水分离和化学处理(或生物处理)等技术体系。

4)风险防范技术

为确保水源的安全,建设、运营管理单位也可在上下行方向一公里处设置明显的交通标志如限速、警示等,以提醒过往驾驶人注意,同时制定详细的风险预案,以确保在该路段的安全。

为防止公路桥梁上危险品运输车辆事故对敏感水体的污染,公路桥梁跨越饮用水水源保护区、执行《地表水环境质量标准》Ⅰ～Ⅱ类标准的水体及《海水水质标准》中的一类海域时，应设置桥面排水收集系统，桥两侧宜设置沉淀池收集桥面初期雨水或蓄积危险品泄漏物；同时设置加强型防撞护栏。

7.5 生 态 环 境

7.5.1 水土流失与水土保持

公路施工期、运营期的植被破坏、局部地貌破坏（如高填、深挖、大切坡等）、堆弃等形成的水土流失现象已经得到公路界的充分重视，相应的山区、丘陵区及风沙区水土保持工程已纳入工程建设范畴，并作为重要组成部分。图 7-22、图 7-23 反映了公路施工及运营期间的水土流失现象。

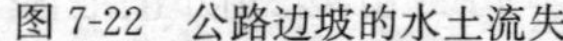

图 7-22 公路边坡的水土流失

图 7-23 开挖场地容易导致严重的水土流失

公路建设项目水土保持工作，应贯彻水土保持工程与公路主体工程相结合，主体工程与附属工程、临时工程并重，预防为主，综合治理，标本兼治，防治结合的原则；水土保持设施应合理布设，因地制宜，注重实效；兼顾施工期和运营期，突出施工期，注重近期与远期相结合；重视公路工程取、弃土场的绿化和复垦，弃土场应先挡后弃。突出对取土场、弃土场、高填深挖、临时占地的重点防治。水工保持措施包括工程措施、植物措施和临时措施。

水土保持容易忽视地表土壤的回收利用和复垦利用。表土层含有丰富的有机物，如树叶、动物废物、植物根茎等，这是植物和微生物赖以生存的营养库。此外，表土中含有大量的不断被分解的营养物质和肥料，可以直接被植物吸收。对表土层中含有的丰富的营养物质的利用，一般可将表土覆盖在边坡或拟建植被系统表面；表土因长期水化、土质一般疏松，颗粒细、保水性强，可作为客土资源；此外表土可在复垦中利用。

7.5.2　生物及其栖境的保护

公路建设从生态的观点来看，除水土流失外可能的负面影响还有：一是自然特征的影响或丧失，直接影响野生动物、野生植物栖息地、地质暴露带或一个地貌特征的丧失；二是水文条件的变化，地上、地下水流与数量发生变化，进而影响路边甚至较远区域的动、植物，并会产生水污染和地下水位的变化；三是对野生生物的其他影响。研究表明：鸟类在高速公路 1.6～1.8km 范围内繁殖不兴旺；高速公路对哺乳、爬行、两栖和不会飞的无脊椎动物来讲是个难以逾越的障碍带；活动能力大的动物沿公路走廊带状栖息而侵入其他生物群落等。

公路建设应首先考虑避开野生生物集中区域，距省级(含)以上自然保护区缓冲区的边缘不宜小于 100m，以减少环境空气、交通噪声以及生态环境影响。公路通过林地时，应严格控制林木的砍伐数量，不得砍伐公路用地范围之外不影响行车安全的林木。公路经过草原草甸时，应注意保护腐殖土和地表植被；取、弃土场地宜选择在地表植被生长差的地方并集中设置。

其次，在有国家或地方重点保护野生动物出没路段，应设置预告、禁止鸣笛等标志，并根据需要为动物横向过路设置通道。当公路通过陆生、水生野生生物栖息水域时，应对采用的工程方案与施工工艺进行必要的论证，在设计时应根据动物的活动特性及其环境特征，设计兽道。

7.5.3　湿地及湿地保护

各生态系统的生态服务功能大小依次为湿地＞水体＞森林＞草地＞农田＞未利用地，说明湿地在各种类型的生态系统中具有相对较高的生态服务价值。多水(积水或饱和)、独特的土壤和适水的生物活动是湿地的基本要素。

(1)湿地的分类

《湿地公约》从湿地保护和管理角度出发将湿地划分为淡水、咸水和人工湿地 3 大类。每大类下面又分为若干二级单位、三级单位和四级单位。按此分类共有 36 个四级单位，详见表 7-17。

湿 地 分 类　　表 7-17

一级单位	二级单位	三级单位	四级单位
咸水湿地	浅海	潮下带	低潮时水深不足 6m 的永久性无植物生长的浅水水域，包括海峡和海湾； 潮下水生植被层，包括各种海草和热带海草甸珊瑚礁

续上表

一级单位	二级单位	三级单位	四级单位
咸水湿地		潮间带	多岩石的海滩,包括礁崖和崖滩; 碎石崖滩; 无植被的泥沙和盐碱滩; 有植被的沉积滩,包括红树林
	河口湿地	潮下带	永久性水域三角洲系统
		潮间带	具有稀疏植被的泥、砂土和盐碱滩
		潟湖	沼泽:盐碱、潮汐半盐水和淡水沼泽; 森林沼泽:红树林、聂帕(Nipa)棕榈林和潮汐淡水沼泽林; 半咸水至咸水湖,有一个或数个狭窄水道与海相通
		盐湖(内陆)	永久性或季节性盐水、咸水湖、泥滩和沼泽
淡水湿地	河流湿地	永久性的	河流、溪流、瀑布和三角洲
		暂时性的	河流、溪流和洪泛平原
	湖泊湿地	永久性的	8hm² 以上的淡水湖和池塘及间歇性淹没的湖滨
		季节性的	淡水湖(8hm² 以上)和洪泛平原
	沼泽湿地	无林湿地	永久性无机土壤沼泽,其挺水植物的基部在生长季节的大部分时间内沉没在水中; 永久性泥炭沼泽,包括纸莎草和香蒲占优势的热带山地峡谷; 季节性无机土壤沼泽,包括泥沼,贫养泥炭地、沼穴、洪泛草地和台草地; 泥炭地,包括灌木、苔藓、富养泥炭地; 高山和极地湿地,包括雪融水浸湿的季节性洪泛草甸; 绿洲和周围有植物的淡水泉; 地热湿地
		木本湿地	疏林/灌木沼泽:无机土壤上以灌木为主的沼泽; 淡水沼泽林:泥炭森林沼泽季节性无机土壤洪泛林地; 有林泥炭地:泥炭森林沼泽
人工湿地	淡水/海水养殖	—	池塘
	农用湿地	—	水塘、蓄水池和小型水池; 稻田、水沟和渠; 季节性洪泛耕地
	盐田	—	盐池和蒸发池
	城市工业湿地	—	废水处理区:沉淀池、氧化池、处理场; 开采区:采石坑、采矿池、取土坑
	蓄水区	—	水库,具有缓慢的季节性水位变化; 水电坝,具有周/月度的水位变化

(2)湿地分布

全世界湿地面积为 $7\times10^6\sim9\times10^6$ km²,约占地球陆地面积的 4%~6%。我国的湿地面积约为 $6\ 594\times10^4$ hm²,占世界湿地的 10%,从寒热带到热带、从沿海到内陆、从平原到高原山区都有湿地分布,东部地区河流湿地多,东北部地区沼泽湿地多,而西部干旱地区湿地明显偏少;长江中下游地区和青藏高原湖泊湿地多,青藏高原和西北部干旱地区又多为咸水湖和盐湖;海南岛到福建北部的沿海地区分布着独特的红树林和亚热带热带地区人工湿地;青藏高原具有世界海拔最高的大面积高原沼泽和湖群,形成了独特的生态环境。

(3)湿地生态系统的性质及特征

湿地具有的特殊性质——积水或淹水土壤、厌氧条件和相应的动植物,是既不同于陆地系统也不同于水体系统的本质特征。

湿地在空间分布处于陆地系统和水体系统之间的过渡带,对水文状况非常敏感。水文控制着湿地生物和非生物特征。湿地具有深水水体系统的某些特征,如厌氧环境和藻类、脊椎动物和无脊椎动物。多数湿地具有维管束植物为优势种的植物区系。由于湿地具有的巨大的食物链及其所支撑的丰富的生物多样性,为众多的野生动植物提供了独特的环境,具有丰富的遗传物质。湿地拥有丰富的野生动植物资源,是众多野生动植物,特别是珍稀水禽的繁殖和越冬地。

湿地的基质主要为淹水形成的土壤和成土物质。一般包括有机土壤、矿质土壤和未经过成土过程的沉积物。许多湿地有机残体积累大于分解,形成有机物质积累,在一些湿地中会形成泥炭。持续淹水的湿地具有相对稳定的厌氧环境条件;季节性淹水的湿地,氧化还原过程交替变化。水文条件对湿地土壤的物理、化学特征影响很大,如营养物质有效性、基质下层的缺氧程度、土壤盐度、沉积物的性质和 pH 值等。

(4)公路与湿地

公路建设是一项点多线长的带状开发建设行为,与湿地资源广泛分布的特点相结合,使得公路修建对各类湿地生态系统的影响有时不可避免。当公路选线穿越或接近湿地时,就会占有大片的湿地,包括公路路基和场站的占压、堆积弃土、弃渣以及施工过程中对湿地的临时占用(包括各种施工机械的停放、筑路材料的堆放、施工队伍的生活区等)。

公路修建以后,可能会分割或侵占了湿地生物的活动领地,可能影响生物的生存环境,造成种群数量减少,物种退化,对湿地生物多样性保护极为不利;

有时无意的蓄水和水文变化改变了湿地的功能；有时干扰生态的连续性，驱赶走许多敏感的内部物种；有时直接导致湿地动物死亡率的增加；公路施工和运营中的各类污染可能直接影响湿地环境和湿地生物的生存，例如，噪声会影响到鸟类的正常栖息等。

此外，水土流失和泥沙的沉积，导致湿地面积的减少；裸露的公路沥青和水泥路面热容量小，反射率大，下垫层温度高，升温快，形成一条热浪带，粉尘和二氧化碳含量高，恶化局部小气候，这对于湿地动植物的生存也极为不利。

公路应首先考虑绕避湿地。

公路进入保护的湿地时，工程方案应针对湿地的影响提出相应的对策，制定相应的环境风险预防预案，避免造成地下水位等生态环境的重大改变，施工废料和弃渣弃土应弃于湿地之外。路面径流中的有害物质应采取措施将其排放于湿地之外，避免改变湿地环境。

参考文献

[1] 王秀英."公路"解读[J].中国公路网,2008-08-19.

[2] 中华人民共和国行业标准.JTG B01—2003 公路工程技术标准[S].北京:人民交通出版社,2003.

[3] 中华人民共和国行业标准.JTJ 002—1987 公路工程名词术语[S].北京:中国标准出版社,1988.

[4] 中华人民共和国国家标准.GBJ 124—1988 道路工程术语标准[S].北京:中国标准出版社,1988.

[5] 陈树棠.道路建筑学[M].道路月刊社,1934.

[6] 同济大学,西安冶金建筑学院,南京工学院,重庆建筑工程学院.房屋建筑学[M].北京:中国建筑工业出版社,1980.

[7] 张文忠.公共建筑设计原理[M].北京:中国建筑工业出版社,2001.

[8] (美)肯尼思·W.格里芬(Kenneth W. Griffin).交通建筑[M].北京:中国建筑工业出版社,2010.

[9] 丹麦公路局.道路建筑学手册(Beautiful Roads-AHandbookof RoadArchitecture)[M].丹麦,2002.

[10] 中华人民共和国行业标准.JTG D20—2006 公路路线设计规范[S].北京:人民交通出版社,2006.

[11] 中华人民共和国行业标准.公路路线设计细则(总校稿).

[12] 刘菲.旅游消费心理与行为[M].北京:经济管理出版社,2007.

[13] 多俊肖.基础心理学[M].北京:化学工业出版社,2008.

[14] 刘晓航.旅游文化学[M].天津南开大学出版社,2009.

[15] 李作敏.交通工程学[M].北京:人民交通出版社,2000.

[16] 霍明.山区高速公路设计指南[M].北京:人民交通出版社,2003.

[17] 李祝龙.公路环境与景观设计咨询要点[M].北京:人民交通出版社,2011.

[18] 冯忠祥,刘静,杜姗姗.高速公路广告牌对驾驶员视觉影响研究[J].公路交通科技,2009,26(3).

[19] 宋昊澄,高琳,贺宏斌.基于相邻权的高速公路广告规范化研究[J].改革与战略,2008,24(3).

[20] 张三省.公路运输场站设计[M].西安:陕西科学技术出版社,1994.

[21] 胡大伟.公路运输站场布局规划[R].长安大学教材讲义,1998.
[22] 王书灵,陈金川,刘小明,荣建.基于驾驶员心理反应的安全坡度研究[J].公路交通科技,2009(2).
[23] 刘援朝,孙忠友,魏玉桂.机动车驾驶员注意及相关因素的调查研究[J].社会心理科学,2007(1).
[24] 阎莹,刘浩学,郭忠印.不同交通流状态下驾驶员心理生理特性研究[J].同济大学学报(自然科学版),2008(10).
[25] 焦昆,李增勇,王成焘.形成驾驶疲劳的理论分析与系统建模[J].汽车科技,2002(6).
[26] 郑柯,荣建,任福田.驾驶员行车紧张度与平曲线半径和车速之间关系分析[J].土木工程学报,2003(7).
[27] 潘晓东,林涛,杨轸.驾驶员心率血压与山区公路横向力系数关系[J].同济大学学报(自然科学版),2006(6).
[28] 韩春鹏,程培峰.基于游人心理感觉谈风景区道路与景观配合[J].森林工程,2008(5).
[29] 唐博,雍耀维.公路长大下坡路段对驾驶员心理的影响研究[J].农业装备与车辆工程,2007(11).
[30] 乌日娜.基于驾驶员心理与生理反应的林区公路纵坡研究[D].内蒙古农业大学,2008.
[31] 艾力·斯木吐拉,李鑫,魏建东.沙漠公路驾驶员心理、生理特性初探[J].中国安全科学学报,2006(10).
[32] 艾力·斯木吐拉.沙漠环境对运行车辆的影响及其对策[J].长安大学学报(自然科学版),2006(10).
[33] 艾力·斯木吐拉,李鑫,马晓松.基于驾驶适宜性检测的沙漠公路驾驶员视觉特性分析[J].中国安全科学学报,2007(9).
[34] 希白.驾驶员的视觉特性[J].汽车实用技术,2003(1).
[35] 赵炳强.驾驶员动态视觉特征及其影响[J].公路交通科技,1998(1).
[36] 薛晶,王丰元.驾驶员视觉特征与驾驶安全的关系研究[C]//第四届中国智能交通年会论文集.青岛,2008.
[37] 张殿业.驾驶员动态视野与行车安全可靠度[J].西南交通大学学报(自然科学版),2000(3).
[38] 唐登科.驾驶员驾车生理、心理反应与道路线形关系的研究[D].南京:东南大学,2006.

[39] 赵国祥,李永鑫. 我国交通心理学研究现状与展望[J]. 信阳师范学院学报(哲学社会科学版),2000(1).

[40] 郑柯. 基于驾驶员心理生理反应的高速公路线形研究[D]. 北京:北京工业大学,2003.

[41] 郭寒英. 基于出行者生理心理的城市客运交通出行行为研究[D]. 成都:西南交通大学,2007.

[42] 张开冉. 低驾龄驾驶人典型驾驶心理—行为特性研究[D]. 成都:西南交通大学,2008.

[43] 王礼友. 关于公路景观设计的分析[C]//全国公路环保与景观技术研讨会论文集. 成都,2003.

[44] 秦晓春,张肖宁. 旅游公路景观设计与美学研究[J]. 公路,2007(10).

[45]《道路交通安全与逆反射技术》编委会. 道路交通安全与逆反射技术[M]. 北京:人民交通出版社,2009.

[46] 嘉禾编. 中国建筑分类图典[M]. 北京:化学工业出版社,2008.

[47] 刘文杰. 桥文化[M]. 北京:人民交通出版社,2008.

[48] 王小兰. 建筑文化解读丛书:桥[M]. 北京:中国人民大学出版社,2007.

[49] 钱国超,明图章,胡安兵,周兴顺. 用全新的理念打造宁杭高速公路[J]. 公路,2005(3).

[50] 任东锋,田苗,张广,等. 公路通过湿地建设的环境影响与保护对策[J]. 公路交通技术,2007,22(2):167-171.

[51] 张华君,刘海洋. 公路建设占用林地问题及其保护对策探讨[J]. 公路交通技术,2007(2).

[52] 刘朝晖,秦仁杰. 公路环境与景观设计[M]. 北京:人民交通出版社,2003.

[53] 郑宏编. 环境景观设计[M]. 北京:中国建筑工业出版社,1999.

[54] 张玉芬. 道路交通环境工程[M]. 北京:人民交通出版社,2001.

[55] 田平. 公路环境建设与管理[M]. 北京:人民交通出版社,2004.

[56] 戴明新. 公路环境保护手册[M]. 北京:人民交通出版社,2004.

[57] 宗跃光,周尚意,彭萍,等. 道路生态学研究进展[J]. 生态学报,2003,23(11):2396-2405.

[58] 王云,崔鹏,李海峰. 道路景观生态学研究进展[J]. 世界科技研究与发展,2006,28(2):90-95.

[59] 田云庆,胡新辉,程雪松. 建筑设计基础[M]. 上海:上海人民美术出版

社,2006.

[60] 姚美康.建筑设计基础[M].北京:清华大学出版社,北京交通大学出版社,2007.

[61] 刘云月.公共建筑设计原理[M].南京:东南大学出版社,2004.

[62] 马祥骏,张婷婷.浅谈高速公路中的天桥设计[J].公路与自然,2004(1):57-62.

[63] 潘兵宏,赵一飞,梁孝忠.动视觉原理在公路线形设计中的应用[J].长安大学学报(自然科学版),2004,24(6):20-24.

[64] 胡毅夫,张子培.张清旅游公路绿化工程和景观协调的研究[J].中南林学院学报,2003,13(4):91-94.

[65] 全国公路环保与景观技术研讨会论文集[C].北京:中国公路杂志社,2003.4.

[66] 杨云峰,赵剑强,董小林,刘珊,刘洪.中国西北地区高速公路建设与水资源保护[J].长安大学学报(自然科学版),2003,23.

[67] 庞桂珍,杨骏,席岳婷.西部公路建设中生态旅游景观的开发与保护[J].公路交通科技,2005,22(9).

[68] 宋国平,张建,刘国东.川主寺至九寨沟旅游公路建设与环境保护[J].四川环境,2004,23(5).

[69] 陈全荣,潘杰,张东升,张延军,王丽华.高速公路功能及其文化内涵[J].东北公路,1998,21(3).

[70] 河南省交通公路局,平顶山市公路管理局.公路绿化工程[M].北京:人民交通出版社,2003.